Excellent Leader

卓越领导力丛书

Introducing Management

管理入门课

[英] 马丁 · 曼瑟（Martin Manser）著

郭嘉豪 译

ZHEJIANG UNIVERSITY PRESS

浙江大学出版社

前言 Introduction

恭喜你！你已经成功了！老板已经发现了你的潜力。他们已经注意到你工作努力且具有丰富的工作技能，将你提升为管理者了。

你有什么感想？你会激动吗？你会因为可以进一步发挥工作能力和技能而激动不已吗？你会因为得到了进一步施展才华的机会而欣喜吗？你会对随之而来的责任产生一丝怯意吗？你会对管理工作带来的担子感到担心甚至焦虑吗？

我写的这本小书就是来指引你走出管理工作的迷宫的。我力求简明扼要，为此，用了许多案例来说明管理中应该做什么、不应该做什么。

从哪里入手呢？怎样找到更清晰的管理思路呢？我将这个问题分成了几个简单步骤：

星期日——成为管理者：新角色带来的变化对你意味着什么；

星期一——人员管理：招聘、培养和激励你的员工；

星期二——团队管理：鼓励你的团队成员团结协作；

星期三——工作管理：设定目标、设计管理制度和流程、解决问题及做出决策；

星期四——有效沟通：通过良好的聆听技巧，有效使用电子邮件及电话，提升会议质量，从而保持沟通渠道顺畅；

星期五——项目管理：确定好项目的目标、产出、成本和时间表，并坚持按这些指标推进工作。

星期六——自我管理：认清自我，做好时间规划，充分利用时间。

一周中每天安排一个章节，每个章节涉及管理中的一个重要领域。每个章节会先概要地介绍本章的内容，然后进入主体内容，通过厘清一些案例和引文中蕴含的原理，来理解和掌握这些宝贵经验。我们会在结尾部分进行本章概要总结，列出下一步的计划，还要做一些小测试来加强重点内容的学习。

虽然市场上有许多阐释管理原理的书，但我所写的这本是通过讲解大量基础知识来指导你，肯定会帮你达到不错的效果。本书是我基于三十多年的人员、团队和项目管理经验而写，其中还包含了我十多年有关管理方面的著书立说的经历以及员工培训的经验。我在工作中犯了不少错误，但也取得了很多成绩。

管理虽然并不容易，但其过程是非常让人激动的。衷心希望你能在管理上取得成功。

目录 | Contents

星期日

成为管理者

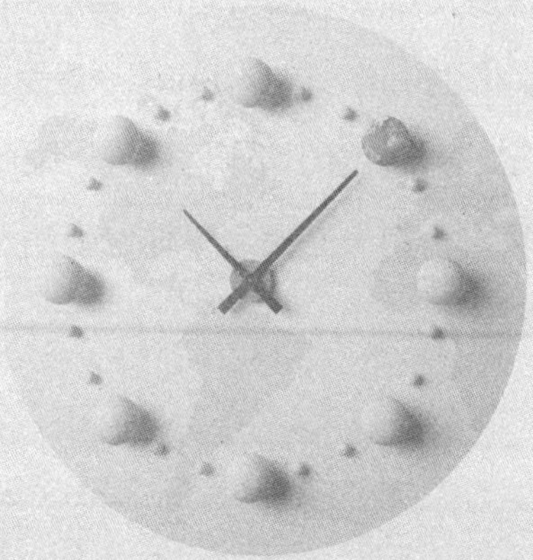

今日内容：

- 什么是管理
- 你将面临一些挑战
- 管理和领导的区别
- 一位成功管理者具备的素质

不同的字典对于“管理”的定义也是不同的。我们主要关心的是如何管理其他员工以及决定如何运行某项业务或某部门。这在实践中将意味着你要常常告诉别人要做什么，而不是亲自去做。你要：

- 组织其他员工
- 就如何运行某项业务或某个部门来做出决策
- 告诉别人要做什么，而不是自己亲自去做

然而，你也知道，过去你可能一直受上司管理，由他来决定业务或部门该如何运行。因此你对上司管理的好坏与否有一些思考。你也确信上司们已经发现了你的潜力。

管理是什么？

我们可以将管理划分为单独的任务：

- **计划：**了解你的目标并找出实现目标的方法。

- **组织：**为实施计划作必要的努力。做到结构清晰、安排合理。把必要的资源分配给你的团队。将工作分配给团队成员，如有必要，为你的团队招募新人或者进行团队培训。与他人互相配合。委派工作、责任以及权力。用最少的时间、金钱以及其他资源来高效地工作。

- **领导：**激励、鼓励你的团队，最重要的是要与团队成员充分交流，显示他们的重要性，从而让他们以最佳状态去高效工作。

- **控制：**控制不是要你成为控制狂或变得操纵欲过强，而是要你变得直接，就如何最高效地工作做出决策，监控实际进度以及完成计划目标的成本，并采取措施以确保投入、指标完成等与计划一致。

想想以上四点，其中哪些是你天然具备的，哪些是你需要努力加强的。对新职务进行思考，并分析其中的每一项工作。

你计划设立什么目标？你将如何整合这些必要资源来实现计划呢？你将如何领导、激励团队成员以达到最佳状态？为了达成目标，应如何管控并在决策中发挥引导作用呢？

挑战

作为管理者，你可能面临的挑战包括：

- 招聘合适的员工
- 充分利用有限的资金

- 培训职员
- 把难管的成员管理好
- 激励并鼓励团队
- 与团队进行良好沟通
- 更好地利用时间
- 预算管理
- 项目管理
- 更好地自我管理

我们会谈到怎样应对这些问题。

成为管理者

凯伦第一次成为管理者时，她要管理的是以前的同事。

凯伦曾经是其中一员，但现在却成了他们的上司。

凯伦刚当上团队领导时，她产生了很多想法，如新的每日简报以及确定新的业绩目标。然而，她试图一蹴而就，而不是以渐变

> 的方式来做到这些。不幸的是，团队合作进展得并不顺利，他们对她的态度也变得消极起来。她决定进行一对一面谈，看看他们对这些改变有什么想法，听听他们的意见。事实证明，这些会谈是一次契机，让凯伦的团队明白了这些改变的举措是为了团队利益着想。凯伦后来也渐渐得以实施这些举措。

管理与领导

管理和领导的区别是什么？简单来说，管理是将领导力转变为行动。

为了更细致地思考这个问题，领导者设定了一个方向："我们打算进军中国市场。"管理者将此变为行动，例如："我们要了解中国文化，建立办公点，招聘员工，并开展一系列活动，让'进军中国市场'的初步想法成为现实。"

因此，领导者要确立整体方向，描绘蓝图；而管理者则应致力于完成具体工作，如人员组织、计划和预算的制订。你很可能会认可最后这句话，但是请注意，有一点至关重要：感情因素。领导者受到感情因素影响而改变了发展方向，想激发员工去实现某个目标。而管理者要确保各个工作细节都万无一失地完成，这相对而言好像没那么让人激动。

然而在实际工作中，领导者和管理者之间的区别可能没这么清楚。你担任的角色可能是组长，你的职责会集中于具体任务、制度和流程，以确保完成工作。然而，你也需要使用领导技能来激励团队成员。

证明你的能力

露易丝首次通过某机构加入了医院 IT 部门的咨询平台。她一直对计算机很感兴趣，也很擅长以让人舒服的态度和清晰的逻辑向人解释事情。露易丝很快就成了医院的固定员工。

同事从露易丝安排值班工作到她组织员工圣诞大餐的活动中逐渐发现，她具备快速学习和良好的组织能力。团队组长不在时，她也经常代表他来领导团队。组长休病假时，露易丝晋升为代理领导。露易丝后来也证明了她具备非常优秀的能力，以致后来组长一职空缺时，她一申请就通过了。优秀的工作技能加上杰出的贡献，辛勤的工作以及长期对岗位兢兢业业，这些都是她成为团队管理者理想人选的原因。

成功管理者的素质

什么样的人可以成为一名成功的管理者？

● 自我激励者——优秀的管理者必须具备创新精神和决心，并且不需要外部力量来督促自己工作。

● 具备良好的指引方向的能力和丰富的组织管理技能（如人员管理、流程管控，资源管理分配）的人。

● 能做好预案，确立明确目标的人。

● 专注于实现目标、提高业绩等工作重点的人。

● 能描绘蓝图并且能用生动的言语和例子来激励他人的人。

● 能积极主动地展望未来，而不是被动地面对变革的人。

● 能用面谈和书面形式（如电子邮件、报告等）进行清晰交流的高效沟通者。

● 具备战略眼光、能总揽全局的人。

● 熟悉财务，具备良好的制订预算以及建立监控支出制度能力的人。

● 善于分析文字和数字信息、文章以及财务数据，能独自处理文件和电子表格的人。

● 具备决断力、首创精神以及决策头脑的人。

有时做出错误的决策比根本不做决策要好得多！

- 具备良好的人际交往能力的人：具备开放的心态并且平易近人，让人信得过。尊重别人的人。
- 能激励、指导、支持和帮助员工的人。
- 擅长与人打交道并能建立信任关系的人。
- 具备可以代表团队成员能力的人。
- 顶得住工作压力并且能把工作做好的人。
- 一个良好的团队合作者——工作能力强，能清晰地划分职责，并且鼓励大家承担个人责任的人。
- 懂得如何招聘（并留得住）优秀员工的人。
- 具备控制力并且能继往开来的人。

- 自信、乐观，能够提升员工士气，鼓励员工直面挑战的人。
- 高效利用时间，尤其要做到首次就把事情做对。
- 能持续专注地做好工作的人。
- 适应能力强，善于跟人打交道，并且可以创造性地解决问题的人。
- 自我管理能力良好，了解自己的长处和薄弱环节的人。
- 诚实、正直，对员工一视同仁的人。

小提示

我在几年前参加了为期一天的有关领导力的课程，课堂上讲到了各式各样的领导技能（如描绘蓝图，指引方向，鼓足勇气，激励他人）。然而，最后一天的结语让我印象最为深刻："你如果要在技巧和品格正直之间做出选择，请选择正直，这是最重要的。"

培养员工是管理者与别的员工不同的地方。管理者要为他人描绘蓝图，并且培养员工以完成目标，这是管理者才有的重任。最终分析认为，广阔的视野和道德责任感决定了管理者之所以为管理者。

彼得·德鲁克

（Peter F. Drucker，1909—2005）

现代管理学之父

回归办公室

作为总经理，乔觉得他需要“回归办公室”，从而了解职员对其管理的真实想法。因此，他连续多日跟员工们坐在一起，听听他们的想法。下属们觉得他们的工作不受重视，跟高管之间的交流也少得可怜。乔把员工们提到的问题加以整理，随后就开始着手改变企业文化以及工作方法。

总结

今天，我们开始思考：

● 管理者是什么样的人，要做什么事。

● 管理工作中的重要事项——指导、计划以及组织工作，为员工做出指示，就目标和工作做出决策，监督并激励员工

● 做管理者与做领导者之间的不同：领导者确立总体方向及构想；管理者就构想付诸行动——实践，管理者和领导者之间可能没有明确的区别。

● 成功管理者所具备的素质。

下一步：

● 用 10~15 字来概述你的职务；

● 列出你的职务的 3 个主要作用；

● 这 3 个作用是你容易做到的吗？

● 你认为其中最困难的是哪一项？为什么？你为此要做些什么呢？

● 你的领导才华在你的管理者角色中有多重要的作用呢？

● 思考要成为一名成功的管理者，你需要培养哪些品质。

小测试

1. 管理者是：
a) 成功人士 □
b) 努力工作的人 □
c) 组织工作并向同事发出指示的人 □
d) 对周围人发号施令的人 □

2. 管理是：
a) 把行动变成领导力 □
b) 描绘蓝图 □
c) 仅仅解决难题 □
d) 将领导力转变成行动 □

3. 作为团队领导，你的角色是：
a) 给团队下命令 □
b) 管理团队 □
c) 让团队做他们想做的事 □
d) 允许团队请假 □

4. 管理者要：
a) 缺少动力 □
b) 自我激励并善于激励他人 □
c) 自我激励 □
d) 善于激励他人 □

5. 管理者需要：
a) 具备良好的组织能力 □
b) 组织能力差 □
c) 对组织工作不上心 □
d) 不好意思，什么是组织管理？ □

6. 管理者需要：

a) 对目标认识模糊 □
b) 对想要达成的目标不上心 □
c) 了解自己想要达成的目标 □
d) 改变自己对完成目标的决心 □

7. 管理者需要：

a) 完全掌握基本财务信息 □
b) 对基本财务信息不感兴趣 □
c) 对基本财务信息不上心 □
d) 能理解基本财务信息 □

8. 优秀的管理者应该：

a) 积极主动而不是被动回应 □
b) 被动回应而不是积极主动 □
c) 知道积极主动与被动回应之间的区别 □
d) 不了解积极主动与被动回应之间的区别 □

9. 优秀的管理者应该：

a) 朝令夕改 □
b) 从不做任何决定 □
c) 具备决断力，决策清晰 □
d) 优柔寡断，缩手缩脚 □

10. 最后分析认为，以下两点哪个对一名管理者更重要，技巧还是品格正直？

a) 两者同样重要 □
b) 都不重要 □
c) 技巧 □
d) 品格正直 □

星期一

人员管理

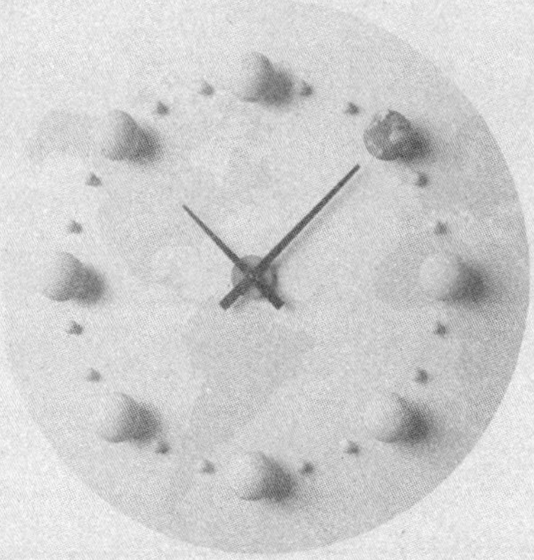

你刚升任为管理者，将要管理谁呢？人不是机器，也不是电脑或生产线——每个人的性格都不同。有些员工热爱工作，有些在工作上没有干劲，有些是急性子，有些是慢性子。每个人都有自己的特点和工作方式。你如何应对？你如何让员工达到最佳工作状态?

今日内容:

- 招聘合适的员工：你需要采取这些方法
- 激励员工：一些实用的点子和技巧
- 用来评估员工工作的绩效管理方法
- 培养员工的新技能和能力

其中每一点都是至关重要的：既然你想要最优秀的员工，还想充分发挥其潜力，你就要与他们建立良好的关系。为此，你要相信你的下属，要对他们有信心。

招聘合适的员工

找到你想要的员工并不容易。我们会开玩笑说：“现在简直招不到人了”，但这也可能是真实情况。你如何找到最优秀的职员呢？有一个秘诀：你需要确定你想要哪种人。

根据各工作不同的特点来制订招聘时间表，从终点倒推——换句话说就是，从你希望人员何时入职开始倒推。开始准备招聘，留出完成以下事情的时间：商定职位描述，人员任职要求和申请方法；发布招聘公告；接收职位申请；处理推荐信；列出最终人选名单；面试；提供岗位；申请人接受工作；签订合同。

明确岗位及人员要求

从职位描述开始，它要阐明：

- 这个职位的设置目的是什么？
- 这个职位的主要职责是什么？
- 这个职位上的人向谁汇报？

不要只用你电脑里保存的或人力资源部门提供的普通职位描述模板；这是审视职位描述、修正工作任务和岗位要求的好时机。

你还需要确定要招聘的人要具备的工作技巧、相关资质和工作经验。你要以人员任职要求为标准来完成职位描述。其中一些要求是必不可少的，一些是锦上添花的。例如招聘一名客户服务部门的领导，之前有客户服务工作的经验是必不可少的。你是想找一名优秀的团队合作者还是更擅长单打独斗的独行侠呢？你要找不打无准备之仗的人吗？擅长做电子报表的人是你需要的人选吗？

发布职位公告

既然你已经商定并且完成了职位描述和任职要求，就要推进招聘流程了。人力资源部门会跟你一起完成这件事，就这一职位进行公示——在互联网、公司内网、内刊以及报纸上。方便的话，你可以将招聘工作外包给某个专业机构。

你要决定如何处理职位申请：候选人是否应该填写申请表（填纸质表格还是在线填写）或发送求职信来阐述可以胜任这份工作的原因，并附上简历。

你还需要决定是否要用推荐信，如果用的话，要确定相关时间（面试之前或之后）。

你收到职位申请后，接下来要跟同事一起，根据已确定的客观标准，比如职位描述以及任职要求，来商定最终候选人名单。你要记录你拒绝某些人的原因，以备日后查询。估算下你想面试多少人，10 个人多吗？

面试职员

面试的关键在于做好准备。明确面试的时间及地点，并提前通知候选人（比如在确定好最终入选名单之后到开始面试之前，留一周的时间）。面试当天，你要给每场面试及间隔都留有充足的时间，才能让面试官做好记录，并在候选人入场开始面试前进行充分协商。

想清楚你要什么。需要候选人做幻灯片演示或接受测验吗？如果你打算让其做幻灯片演示，那么准备好投影仪和笔记本电脑了吗？另外，需要参加面试者携带某些身份证明或考试证书吗？

决定面试官人选。你需要再加一个还是两个人手？根据面试人数，在一个地方用大约两天时间完成面试。这样的话，你对面试者的印象还依然清晰。如果不大可能做到这一点，就必须做好记录。

安排好面试的房间，确保房间干净整洁，为参加面试者准备好饮用水，为面试官准备好笔和纸。

认真表述问题。在面试过程中使用确定好的职位描述中的标准以及任职要求。对候选人一视同仁是非常重要的：应该用同样的顺序问他们同样的题目。不要提出可以用简单的“是”或“不是”来回答的封闭式问题。你可以先提出一个常见问题，如“告诉我们为什么要相信你能胜任这一职位”。你的目的就是要让面试者聊聊自己的情况，聊聊工作经验以及如何胜任工作。检查面试者是否清楚薪资标准等基本问题。

根据法律规定，有一些问题你不能提，如一个人的性取向或婚姻状况。公司的人力资源部门会就这一点给你参考意见。

在你通知面试者获得工作机会之前，要确保已经与其他面试官讨论过了。

一个面试范例

哈利热情地欢迎了面试者，并努力通过闲聊来让其放松。每轮面试开始时，哈利都以面试者的职能和工作目的、公司目前需要的人才类型以及面试流程作为开场。面试时有三位面试官，他们先问了事先已征得面试者同意的问题，随后又提了一两个附加问题来进一步剖析其回答。面试官就面试者之前的工作经验，其之前处理过什么工作难题，有什么优点以及其认为工作中可以改进的地方展开了讨论。他们给面试者留出了提问时间，并且告知其其他相关信息。面试期间，每名面试官都做了很多记录，这些记录便是之后评估、讨论以及决定这份工作的最佳人选的基础。

评估

你要掌握你能接触到的全部信息，还要尽可能客观地决定谁应该得到工作机会。根据你从面试者的职位申请、面试情况及所有推荐信中获得的信息来进行判断。不要让一个人的迷人外表或热情性格来影响你的判断，你要侧重于考察其工作能力。

人员录用及办理入职

人力资源部门会就工作邀请 / 聘任书及合同的办理工作上给你一些指导。你也应该通知落选的面试者。

如果新同事之前就职于别的企业，那么你要确保办好入职仪式来让其了解公司的运营情况，让他们感到安心，从而快速融入新的工作环境。

这不仅仅包括像企业文化及员工保险这样的大概念，而且还包括像如何申请假期以及生病时向谁报告这样的细节问题。

员工手册

一份典型的员工手册（也叫雇员手册、雇员指南、人员手册）包含以下几个部分：

- 考勤
- 申诉程序
- 关于员工恃强凌弱的规定
- 保密规定
- 劳动合同规定
- 数据保护规定
- 纪律规定
- 获得平等机会及反歧视政策
- 办公费用的指导方针
- 灵活的工作程序

- 健康、安全和火灾规定
- 节日福利规定
- 工作时长规定
- 产假和陪产假规定
- 通知终止雇用的规定
- 关于薪酬（包括年终奖）的规定
- 养老金计划的安排
- 关于个人职业发展的规定
- 关于试用期的规定
- 关于遣散费的规定
- 关于退休年龄的规定
- 病假及病假工资的规定

激励员工

到了星期四下午，你的下属似乎已经停止了工作，开始讨论晚上的球赛了。你努力让他们把心思放回到工作上去，却不起作用。而且这种情况经常发生。那么你要如何激励员工呢？甚至直到一个长期项目结束时你可能还会有这样的疑问。作为团队领导者，你应该了解成员的动机及情绪。员工可能累了，他们的精力和热情开始衰减。那么你怎么去鼓励他们呢？

受到合理激励的员工会变得很乐观，会以极大的热情完成好工作，并且还想迎接更大的挑战。这样的人可以提高员工士气，也会把工作做得很好。另一方面，没有干劲的员工可能对工作不怎么上心。这些人可能会迟到，还可能会因为一些小问题就发牢骚。这样的人会影响到其他员工。

这里有一些激励员工的小窍门：

● 让员工感到你非常器重他们。聆听他们的心声。要广开言路，体谅员工，努力找出他们抱怨的原因。跟员工交流，而不要训话。了解员工的兴趣爱好。

● 让员工感到其本职工作对公司非常重要。想象一下加工巨型机器零配件的工人却不知道机器用途的情形吧。员工如果对其工作了解得更多，就会更有成就感——这道理同样适用于团队。

● 确保工作有趣并且富有挑战性。因为没人会喜欢单调又重复的工作。确保工作中至少包含一些能让他们有所收获的有意义的项目。

● 不仅与员工在正式会议上交流，还可以在走廊喝水休息时与其交流。我所说的“交流”是指面对面的交谈，而不是发邮件或发短信！（更多有关交流的内容，请参阅本书星期四的内容。）

● 在开小组会议时，要大力鼓励组员，还要不断肯定其为目标做出的贡献。

● 进一步分派你的工作（可参阅本书星期二的内容）。只对工作项目中可以分派的部分进行分派。我曾经将一项工作中三个不同部分都进行了分派，结果这些人对分派到的工作任务都很沮丧，没有成就感。

● 有条不紊地分派工作（同样可参阅本书星期二的内容）。员工知道公司对自己的期望是什么吗？模糊的指令不仅会让员工变得消极，还浪费时间。

● 如果有员工不愿配合的话，要鼓励他们尝试新方法。甚至可以问问他们是否能提出解决问题的新办法。

● 了解员工的优缺点。尽可能保证“人尽其才，各得其所”而不是“大材小用”。这不容易做到，因为总会有一部分工作没人想做（比如无聊的行政工作）。

● 鼓励员工专注于目标并且随时注意工作进展。长途飞行时，我总是注意着飞机飞到哪了。例如，我会分段计算 13 小时的航程，即：45 分钟（全程已过了 6%），1.5 小时（全程已过了 12%）等。专注于最终目标，将整个过程用时分成不同阶段，并且计算其具体进展，这些办法让我觉得自己正逐步完成这一目标。

● 脚踏实地，一步一个脚印。“罗马不是一天建成的”“千里之行，始于足下”。有时确实是万事开头难。

● 专注于具体、可计算且现实的目标（详情请见第 43 页的 SMART 目标），而不是一些模糊的想法。

● 在做一项具体的执行工作时，要努力保持乐观积极的态度。具体的执行工作是实现更大目标的重要一步。

● 就员工需要加强的地方提供培训和提升的机会（详情请见下文）。

● 认可员工取得的成就。你甚至要说，“谢谢你把这件事做得这么好”，这是一种表达感谢的好方式。

公开赞美并认可员工取得的成绩，并在他人面前表扬其工作成绩。跟员工分享食物或给他们买点零食，比如巧克力。为员工取得的成绩颁发一些奖状。我们可以惊喜地发现，员工可以为了取得奖状而积极地在工作中相互竞争。

● 如果完成了一个较大的项目，一定要请大家出去吃一顿。

● 别忘了叫上参与决策和制订预算的同事。你的公司如果正在发生变革，那就一定要在变动前而不是之后再邀请同事。这样他们会觉得受到了重视。

● 鼓励员工就如何更高效地工作积极发表意见。

● 让你信任的员工跟你一起去参加管理层会议。让这些员工陪你一起参加几次会议，然后逐渐把开会的任务委派给其中一些人。

● 承认有时你会缺乏干劲。你不可能一直处在最饱满的精神状态。在感到缺少干劲时，不得不强迫自己打起精神。虽然我常常会因此而获得成就感——但并不是每次都能如愿！

● 克服消极情绪——“体会自己的畏惧情绪并克服它”。

绩效管理

大部分企业都有一些考核员工绩效的规章程序。

这些规章在员工手册中通常称为“绩效管理”，但其他如“绩效考核”和“培养计划”的规定也在其中。

绩效评估

在绩效评估期间，管理者将定期（比如一年一次或一年两次）与团队成员开会，讨论该员工的工作表现。管理者会就以下几个方面进行评估：

● 上次审核结束后，该员工的业绩情况。该员工把哪些工作开展得很好？你能用什么例子来说明这一点呢？他/她完成了之后确定的目标吗？如果没完成的话，原因是什么？

● 需要制订未来发展计划。员工能从什么方面的培训中获益？他们需要帮助吗？员工应该发展什么方面的技能从而更称职？你可以从团队其他成员、合作者、下属、客户处收集该员工的信息。从不同层级的各种人员处得到信息反馈，就形成了对员工的360度评价，意味着可以得到一个员工的立体、全面的形象。

评估报告的整体风格非常重要。有人曾教我遵循“先扬后抑，之后再扬”的方法——开头和结尾都是赞扬，中间谈一谈失败案例，形成一个三明治结构。尽量去赞扬是关键。听听同事对其表现不那么好的部分的说明，这些方面可能是影响其工作的地方。保持公平、积极的态度，富有建设性并通过查找原因、补救得当来克服薄弱环节（对于一些通常很少发生的事情，公司应该制订相关规章制度）。

评估报告应该以目标确立为结尾。这些目标应该包含目标管理原则（SMART）的五个特点：

具体性（Specific）：明确期望结果。

可衡量性（Measurable）：可量化，这样你就知道自己是否已经完成目标了。

现实性（Attainable）：经管理者及受评估人同意。

相关性（Relevant）：应该确立可实现却有点困难的目标，应该培养和挑战（“拓展”）员工的资源整合能力及工作技能。

时限性（Time-based）：设定完成工作目标的期限。

降低评估难度

杰克和同事很讨厌年度评估即可怕的年度审核，因此他们建议每名员工应每个月跟上司进行一次一对一的非正式谈话。一对一的非正式谈话意味着可以在问题恶化之前尽早发现并更快地解决难题。例如，朱莉的上司不仅发现朱莉对其巨大的工作量很苦恼，而且还发现她的同事长期请病假更增加了她的工作负担，这样的话，上司就需要及时地给予帮助了。再比如，由于彼得曾经参加过

> 编写报告的课程，上司就可以让他在员工会议上把经验分享给别人。一对一谈话的引入改善了员工与管理者的关系，管理者也可以更充分地了解员工，年度评估也不再那么让人痛苦了。

培养员工

评估报告会说明员工的发展需求，那么你接下来的工作就是要努力满足员工的这些需求。人都会有近期发展（如学习如何使用新软件或改善时间管理的技巧）和长期发展（如培养领导能力）的需求。你应该将人尽其才作为目标。

希望你在预算中留有培训费用。

培训课程

你作为一名管理者，应该就如何更好地培养员工进行思考。

- **在职培训**：直接针对个人——但你需要找到厉害的培训师。

- **内部培训**：企业如果需要利用某些知识或技能的话，内部培训可以派上用场，但这可能不适用于员工个体。
- 由职业专家进行员工**外部培训**。
- **辅导 / 指导**：见下文。

在职培训

萝丝收到了为期几周的借调通知，因此她需要每周花一个下午的时间来教新成员莎拉学习新软件的使用方法。首先，萝丝演示了软件的使用方法，并且边做边解释给她听。然后萝丝在一旁指导让莎拉自己操作。最后，莎拉完成了，向萝丝阐述一遍流程。萝丝也感到很高兴。得益于循序渐进的教授方法，莎拉很快就学会了该软件的使用方法。

选择课程时要考虑的事情：

- 课程效果：该课程能让员工最终学到什么？

- 培训师的教育背景以及资格证书。

培训课程结束后，要进行一定的评估，以确保在课程中“传授”的理念已经为员工所掌握，并且已经融会贯通到了其工作中，这是非常重要的。记住：“不学以致用就等于白学”——应用你所学的东西，否则就会把它忘了。

利用外部服务商的好处

我有一次要去一家公司进行为期半天的报告写作技巧的内部培训。我像往常一样早早来到公司办公室，之后一位参加培训的人员给我倒了杯咖啡。旁边员工的第一反应是这样的：‘哇哦，你从来都没给我倒过咖啡！”我立刻感觉到了公司里的紧张气氛。后来培训进展得很顺利，我因为让两个平时并无交集的工作小组合作成功而受到了高度评价。有时邀请外部服务商到公司进行培训可以取得比内部人员进行培训更非凡的效果。

辅导（coaching）与指导（mentoring）：

辅导与指导是培养员工及其工作技能的更为私人且直接的方法。两者的不同点概括如下表：

辅导与指导

辅导	指导
通常是短期服务	通常是长期服务
以更正式且有条理的方式进行	更多是以非正式形式进行
针对具体问题或具体技术方面着重培训	对人进行综合考量，并在其职业发展中提供指导
可能由你的部门经理或同一级别但经验更丰富的同事来辅导你	由你公司或别的公司中的高级别人员（但不是你的上司）来对你进行指导

优秀的教练或导师要做到这几点：

● 善于读懂受训人，理解其所说和未说的内容——辅导者要能够“读懂（且听懂）言外之意”，并且能提出恰当的问题。

● 不必对每个回答都做出回应，但会鼓励受训人积极提出解决问题的方法——因为相比辅导人只提供一种方法而言，如果受训人自己找到了解决问题的方法，他们更有可能去行动。

● 努力弄清楚问题时，可以通过不同的角度来思考问题。

商讨职业理想

莎拉经常去拜访其导师珍妮特。珍妮特不是莎拉的直接领导，因此莎拉可以轻松又放心地跟珍妮特讨论自己的工作，尤其是可以谈谈自己的职业理想。珍妮特就莎拉的短期及中期培训需求进行了指导。指导结束后，莎拉又与其部门领导就这些问题进行了商讨。

总 结

今日内容：

招聘合适的员工

- 明确工作职位及人员
- 工作描述与任职要求
- 发布职位招聘启事
- 进行面试

激励员工并且让其感到受重视与欣赏的多种方法

绩效管理

- 评估（正式）报告
- 进行一对一会谈（非正式）

培养员工

- 培训
- 辅导与指导

下一步：

● 就职位描述和成员工作描述及任职要求进行思考。他们在哪些方面需要进一步培养以更称职？

● 找出干劲十足的团队成员。你如何进一步激励他们呢？

● 找出干劲不足的团队成员。你如何进一步激励他们呢？

● 仔细阅读员工手册中你不熟悉的内容。

● 核对评估报告中的发展需要，判断企业的培训与发展需求是否相关。

● 考虑你是否需要私人教练或导师，如果需要，下一步要怎么做。

小测试

1. 在起草工作描述报告时：
a) 因为你知道工作描述会经常变革，所以就草草了事 ☐
b) 花很多时间修改现有的描述报告，导致你逾期了 ☐
c) 在未核对现有报告是否匹配的情况下，依然使用现有描述 ☐
d) 精心制作工作描述，使其准确表达相关工作的主要目的及责任 ☐

2. 为面试做准备是：
a) 如果时间充足的话，做好准备将是一个不错的打算 ☐
b) 奢侈的事情 ☐
c) 必不可少的事情 ☐
d) 不重要的事情 ☐

3. 在你激励员工时，你应告诉他们：
a) 你不关心他们 ☐
b) 你很器重他们 ☐
c) 你是上司 ☐
d) 他们的位置 ☐

4. 评估报告通常应该：
a) 只写积极方面 ☐
b) 具有建设性意义 ☐
c) 是消极的 ☐
d) 是不公平的 ☐

5. 评估报告中的重要内容：
a) 让受评估的人发言 ☐
b) 不让受评估的人发言 ☐
c) 不处理难点 ☐

d) 只关注难点 □

6. 在确立目标时，他们应该具有 SMART 的特点，其中 S 代表：
a) strange（奇怪的，陌生的） □
b) slippery（光滑的，圆滑的） □
c) specific（具体的） □
d) silly（愚蠢的） □

7. 定期进行非正式的一对一会谈有什么益处：
a) 可以替代年度评估报告 □
b) 可以在一些问题恶化之前的萌芽阶段就对解决方案进行公开讨论 □
c) 逃避难题 □
d) 跟老板熟悉起来 □

8. 培训结束后，做评估报告是：
a) 浪费时间的 □
b) 必不可少的 □
c) 有益的 □
d) 一件奢侈的事 □

9. 从商业意义上说，教练是：
a) 企业外具备丰富经验，并将长期以非正式方式来指导你的人 □
b) 帮助你处理短期问题的同事 □
c) 长途客车 □
d) 你的管理者 □

10. 优秀的教练或导师要做到：
a) 只倾听和明智地给予肯定 □
b) 对你毫无帮助 □
c) 跟你进行大量的谈话，并给予你丰富的建议 □
d) 聆听并鼓励你找出答案 □

星期二

团队管理

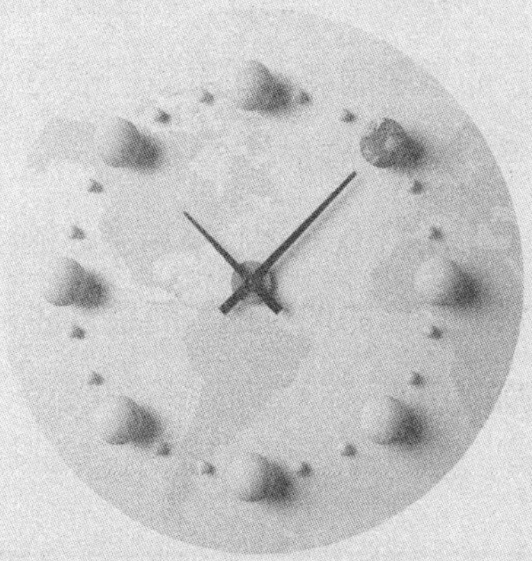

我们习惯于认为足球队中前锋的主要职责是进球，中场组织进攻，后卫和守门员来阻止对手得分。

我曾在一个青年乐队中演奏单簧管（我的水平相当糟，这不是谦逊之辞）。我们开了很多场音乐会。我从没参加过正式演出——我不知道我作为次单簧管演奏者的卖力演出对于整场气势恢宏的演奏能派上什么用场。

那么团队是什么呢？团队是一起致力于同一目标的一群各不相同的人。我们可以把这个定义拆解开：

- 一群各不相同的人。你的团队成员要具备不同的技能，也会有不同的性格和工作风格。这是团队的优点，而不是弱点。如果我们都是一个模子里刻出来的话，生活会变成什么样呢？
- 一起致力于同一目标。希望你的团队不是仅仅围坐起来漫无目的地讨论，而是专注于实现一个或多个明确的目标。

今日内容：

- 团队成员的多元化
- 培养强大的团队合作能力
- 给团队分派工作

团队成员的多元化

关键是，团队成员各司其职，各有价值，并且角色互补：一人的弱点会被另一个人的优势所抵消。

那么有什么不同的角色呢？

梅雷迪思·贝尔宾（Meredith Belbin）博士在研究团队成员行为方式时，研发了著名的角色组。他将团队成员划分为九个不同角色：

- **智多星：**富有创造力，善于提出新想法及非传统方式来解决问题。
- **资源调动者：**外向、善于与外部机构打交道。
- **协调者：**像领导者一样，引领团队成员专注于目标；是一位优秀代表。
- **塑造者：**可以推进项目，克服困难，具备强大行动力的人。

● **监控者 / 评估者：** 能退一步进行客观思考。

● **协作者：** 为达到良好的团队精神，营造和谐的氛围，并处理好人际关系。

● **实施者：** 可靠、高效并且讲求实用的组织管理者。

● **完成者 / 修整工：** 能一丝不苟地从细节上完成项目。

● **专家：** 具备专业技术知识。

我给一个合作的公司组织进行了一次息工日（Away Day）。我们以团队合作为开始，最终（再次）意识到，我在协调及主持方面具备一些技巧，因此我获得了正式主持会议的机会。当然，有些人可以胜任很多职能。例如，资源调动者除具备优秀的与外部沟通能力之外，也得是能为团体会议提供智谋、带来良好风气的优秀协作者。

这种分析是非常有用的，因为我们可以通过分析发现可能存在哪些漏洞；你的团队可能会缺乏某些技能，那么你就应努力弥补这部分。比如，我们可以通过以上探讨发现我们没有能退一步进行客观审慎思考的监控者 / 评估者。因此，我们的目标就是要发掘这样的人才。

员工间不同的角色也是这样，团队成员应做到：各成员要乐意与人合作。“协同效应”一词近年来崭露头角，通常定义为 2+2 > 4，即两组人一起工作，其结果大于各成员技能的总和。附加值就这样产生了：合作的成果更加显著。

适应新角色

安德鲁曾在一个偏远的地区工作。他习惯于利用电子邮件以及面谈来推进工作项目。在加入团队后，他发现自己很难适应新角色。安德鲁不够灵活，并且习惯于按自己的方式工作。只有在他自己管理工作项目时，他才跟别人合作。因此，他不得不学着去跟他人合作。

培养强大的团队合作能力

作为团队领导，你承担着鼓励团队的责任。我们在此探讨的是基于星期一的内容——激励员工。我们要思考的是如何让团队成员团结协作。要做到这一点，你需要：

- 沟通传达工作愿景。团队要向哪里前进？其目的是什么？你要展示出宏大且鼓舞人心的目标构想。

- 确立清晰的团队目标。抽象而脱离现实的表述只会让人觉得无聊。

在没有任何实际意义的工作构想表述完毕、员工离席后，他们会变得非常愤世嫉俗，这并不奇怪。

工作构想必须落实为具体步骤。

- 确保你的价值观可以得到团队认可。团队成员之间是否互相信任、尊重彼此呢？成员是否认为自己在团队中很重要并且成了团队的一分子了呢？让团队成员保持积极的态度，并相信团队的力量。

- 明确团队各成员的职责分工，以便让每个人知道自己的责任所在并熟悉其他成员。不同成员会给团队带来不同的技能，因此要发挥员工的长处。不要把主持会议的责任交给思绪混乱或优柔寡断的人。

- 明确权力和责任的界线。明确成员个体是否有权支配一定资金，或者他们是否应直接向你申请进行购置。

- 灵活处理可协商的事情，同时也努力去适应不同工作风格。听听同事的意见。随时准备“跳出固有思维”，用创造性的方式挑战既有的思维和工作方式，找到解决问题的方法。

● 即使你可能更青睐某些人，为人处世也要做到公平，对同事要一视同仁。

● 确保成员工作负荷大致相当，并让每个人“尽职尽责”。不能允许团队里有“搭便车的人”——业绩明显不如其他成员的人。

● 展现你对工作的热情。热情具有感染力，因此，对工作打不起精神的现象也是互相影响的。你如果三心二意，你的言行就会表现出来，同事也会发现，虽然你可能言之凿凿，但你却并不相信自己说的话。

● 营造开明的团队风气。尽可能地让成员参与决策。鼓励羞于表达的人，并且利用交流技巧来让话痨有所克制。

● 让成员发挥其创新精神。员工并不需要总来找你解决一些小问题，而是可以更有魄力一点，自己来解决一些问题。

团队建设的四个阶段

项目团队受命为一个项目制订一套变革管理策略。项目团队第一次会面时，每个人都很友好。在领导阐述项目目标、成员开始熟悉彼此并分配职责（称为“形成期”）时，整个团队都很兴奋。然而没过多久，由于不同的员工有不同的想法，争执开始出现（称为“风暴期”），一些问题开始表现出来。幸运的是，领导开始介入并调停。

成员们逐渐克服了这些困难。尽管他们有时仍然会激烈地讨论，但是他们开始互相信任，在未来理念上也更加一致（称为“规范期”）。成员认为完成项目比维护自己的职位更重要。

他们接下来就可以很好地开展合作，制订战略并最终付诸实施（称为“执行期”）。美国心理学家布鲁斯·塔克曼（Bruce Tuckman）于 1965 年首次提出这四个阶段的名字——形成期、风暴期、规范期、执行期。

● 让员工互相照顾，这样做可以取得很好的效果。例如，在一个成员遇到困难时，另一个成员就可以搭把手。

● 让团队更高效地工作。不要让员工袖手旁观，而要让其不断地探寻更节省时间和金钱的工作方法。例如，团队成员是否把相同数据录入到了两个电子表呢？合二为一，这样工作就省了一步。

● 就目前工作设置有效的监控措施（参见本书星期三内容），然后定期评估进展。例如，如果发现员工报销费用未受到正确审核，那么你就必须立即采取行动。

● 为工作取得进展而庆祝。认可个人的成绩。

在某些企业文化中，同事这样做会觉得不好意思或尴尬，但这是评价员工的重要一步。为团队成功而庆祝。你们如果完成了一个工作项目，可以出去吃一顿庆祝一下，比如来一次特别的午餐或晚餐。

这样有助于提升团队归属感。

- 及时反馈。作为团队领导，你应该将成员的工作表现及时反馈给他们。反馈要具体化（如：“我认为你回应投诉的邮件写得非常好”），尽早培养员工的责任感及应对问题的能力，这样的话，以后出现相关问题时就没那么难于应对了。

- 成员如果需要帮助，你要多给他们向你寻求帮助的机会，并且你应该热情一点。

- 营造欢乐的团队氛围。举办团队建设日，并且你要在那天有意将日常同一组的人员打散后再进行安排。设置一些任务，然后在组与组之间进行比赛。比赛带来的欢声笑语可以让员工放松下来，你还会发现员工身上不为你所知的特点。

良好的团队会议

纳比拉曾是名优秀的团队领导者。她曾主持召开过多场效果很棒的会议。纳比拉严格按照提前通知的议事日程行事，并且严格遵守上次会议制订的行动计划。她公布了有关公司业绩的常规信息，并且就如何进一步提高其小组工作效率而展开了有效的讨论。她特别擅长鼓励每个人融入团队并且表达自己的观点。纳比拉经常总结讨论，并明确决定下一步的计划。会议结束后，她会迅速传达会议精神，让同事都清楚他们应该做什么事情。这样做的结果就是她的所有团队成员都受到了鼓励且干劲十足。

合理分派工作

管理者不进行分派工作有很多原因：你认为自己能做得更好，或是团队成员工作太过繁忙，而工作任务又十分紧急，他们也没做好充分准备去完成这么吃力的工作。其中主要原因本质上还是你对团队成员执行工作任务不放心。但是他们何时会完全准备好呢？他们何时才能有充足的时间呢？

你需要采取以下三种方法：

● **尽可能提前计划好**。花时间做好计划。你要了解一些重要工作（如年度预算）要在何时完成，并在日程记录上做好时间安排。（无论是用纸质版还是电子版，或是用云备份，你都要保证你做好了安排！）

● **将工作分派给基本做好准备的人**。从来没有人能做到万事俱备。你做到过万事俱备吗？把工作任务分派给基本做好准备的人会增加其压力，但这不就是你想要的效果吗？

● **进一步深化而不是缩减任务分派工作**。有一些工作你不能分派出去（如管理整个团队，分配资金，处理绩效管理以及升职等机密事务），但你能且应该把许多具体工作及一些日常管理工作分派出去。

如何分派工作

你既然已经决定要分派工作了，你打算怎么做呢？这里有一些方法：

● 了解你的团队。你认为谁是执行任务的最佳人选呢？

请牢记之前的建议：选择已基本做好准备的人。如果没有符合此条件的人，那么就要对成员进行培训，至少让其中一些人达标。能分担的尽量分担。但不要给最优秀的员工分派太多工作。

● 明确你想分派的任务。明确你想分派的任务是分派工作中最重要的部分。不要下达模糊的指令（例如“你能就安全问题写一个简报吗？”）；请你下达具体的指示。把自己的想法表达清楚：我想要一篇有关一些重大安全漏洞的可能成因及如何预防这些问题的 10 页左右的报告。给阐述任务预留充足时间，让员工有机会了解你想让他们做什么事情。

● 确认受分派人已经明白你想要其着手的工作。不要问：“你知道我想要你做什么吗？”你可以这样问：“你能概括一下你接下来的工作计划吗？”其回答就会显示出他（她）的理解程度。

● 交代背景细节，这样受分派人就可以了解其做这项工作的原因，以及这项工作在整个项目中的位置，但如果不详细解释所有细节，那么受分派人可能就做不到。

● 在可能的情况下，用全面概述这项工作的简报来记录任何下达的指示。

● 拆分工作任务。把简报说明写清楚，并在其中指出具体需要做的事情。

● 说明你想让员工完成工作的日期。请记住，你只需要半天时间就能完成的事情，你的下属可能需要更长的时间——也许要两天才能完成同样的事情。

● 尤其是（但不只是），在受分派人已经完成了一些既定目标时，确认你想要其向你汇报的频率。

● 如果员工进度缓慢，那么你可以让其每天下班前给你汇报一下当前进度。

● 明确你授予员工的权力和责任。尽管你已经把工作分派出去了，但你作为管理者，仍承担着最终的责任。

● 恰如其分地监督员工的工作：为其提供必需的设备以及其他资源。

● 让受分派人自行选择工作方法，用自己的方式来完成这项工作。

● 在出现问题或遇到困难的情况下，鼓励受分派人向你汇报相关信息，还要让其提供一些解决方案及相关方案的资金和时间成本。你可以用这些方法来更充分地利用时间：受分派人比你更熟悉工作的具体情况。你的工作是根据他们的建议而做出决定。

● 增加充足的指导或培训，从而让受分派人着手并完成工作。

● 受分派人完成工作后，你要向其致谢，并且你还要表达你对他们的欣赏。你要认可他们并肯定他们的成绩。

越来越自信

史蒂夫作为志愿者，在几年前加入了一个慈善机构。他表达了进一步在该机构发展的兴趣，随后承担了一些简单的行政工作，他也出色地完成了这些工作。史蒂夫最终开始参与该机构的财务工作，几年后他成了财务助理。由于财务总监在 9 月份要休假 1 个月，该机构又必须在 9 月末的 5 个工作日内处理完 9 月份的数据，史蒂夫首次掌控了大局，并在 4 天内处理完了数据，最终让其他部门总监得以在第 5 天签字。史蒂夫成了该机构的人才，后来他又参加了专业会计资格的考试。这一切都是因为史蒂夫的老板发现了他的潜力，并且给了他进步的机会，史蒂夫也因此变得更自信了。

总 结

今日内容：

团队成员的多元化

● 鉴别团队成员不同的角色职能

● 弥补缺失的职能

培养强大的团队合作能力

● 激励团队，团结协作，让每个成员都能发挥优势

● 确定有强烈吸引力的工作愿景和清晰的职业目标

● 确保每个成员都清楚工作职责

安排好分派的工作

● 提前做好准备

● 对分派的工作做出明确指示，尤其要注明最终期望的结果（比如，就此问题做一篇 1~10 页的报告怎么样？）以及期望完成工作的时间。

● 信任受分派人。

下一步：

● 使用贝尔宾分析法来考量你自己的职能。

● 再次使用贝尔宾分析法来考量团队中其他人的职能。

● 你作为团队领导，怎样安排才能进一步加强团队合作呢？

● 各成员是否都清楚其职责所在呢？各成员是否了解其他人的职责所在呢？

● 想想你可以把哪些工作分派出去，然后提前做好准备。

● 你清楚要在什么时候就分派的工作进行说明吗？你信任受分派人吗？

小测试

1. 团队是：
a) 一群独立的人 □
b) 一群合作顺利的人 □
c) 一群为共同目标而团结奋斗的人 □
d) 一群合作不来的人 □

2. 在考量员工职能时，什么是非常重要的：
a) 每人都具备相同的职能 □
b) 团队应该具备不同职能的合理配比 □
c) 没人了解其职能 □
d) 没人应担当一个以上的职能角色 □

3. 要提升团队合作的效果，应注意：
a) 团队的优势 □
b) 团队中你最青睐的人 □
c) 团队工作中的失败经验和教训 □
d) 团队中存在的劣势 □

4. 高效的团队成员应该：
a) 彼此公开批评 □
b) 不关心其他团队成员 □
c) 在团队中组成小团体 □
d) 保持积极的态度，相信团队的力量 □

5. 你如果要给工作总不达标的员工反馈意见，你应该：
a) 不对其问题进行探讨，以防其不悦 □
b) 尽早而不推迟跟其讨论问题的解决办法 □
c) 在团体会议上商讨问题 □
d) 只要见面就聊聊怎么解决问题 □

6. 团队如果跟你提出了一个想法，你应该：

a) 忽略这些想法 ☐

b) 听一听，然后进行考量 ☐

c) 听听但也只作耳边风而已 ☐

d) 觉得其想法比不上你的主意 ☐

7. 你在进行分派工作时，你应：

a) 在成员要着手工作时，不为说明工作情况而操心 ☐

b) 快速说明工作任务，这样你可以开始着手更为重要的工作 ☐

c) 明确工作任务 ☐

d) 不好意思，什么是分派工作？ ☐

8. 你在进行分派工作时，你应该：

a) 偶尔检查工作情况，同时也要给员工试错的空间 ☐

b) 经常检查工作情况，以让其意识到你的上司地位 ☐

c) 从不监控其工作情况 ☐

d) 你先忘了曾经交给其工作 ☐

9. 如果一名团队成员向你提了一个工作中的问题，你还要鼓励其：

a) 带一份比萨 ☐

b) 提出 10 个有关的解决方案 ☐

c) 在你们交谈时，说明深层问题 ☐

d) 提出一个经过深思熟虑的解决方案 ☐

10. 当员工出色完成工作时，你应该：

a) 出于个人对其的喜爱而表扬他们 ☐

b) 对这件事一点都不提 ☐

c) 认可其成绩 ☐

d) 为了不能偏袒任何人而忽视这些员工 ☐

星期三

工作管理

你作为一名管理者的主要工作是进行人员和团队管理。然而，为了让你能高效且有效地在这些领域工作，你还需要学习管理工作中的重要制度。

因此我们今天的内容是：

- 战略性地思考并设定目标
- 确立并管理预算
- 研发其他类型的制度
- 解决问题并作出决策
- 应对变革

这些工作流程虽然看起来非常无聊，但了解和学习这些对你的工作非常有利。如果你对这些程序一无所知，就不知道你的工作进行到哪里、要向哪个方向发展。你更不会知道其成本，并且还会遇到一系列的问题。在你了解了这些制度流程之后，你就知道了工作目的、目标和资金流向。这样你就能顺利开展工作，解决问题，并作出合理决策。

战略性思考

世界上最艰巨的工作是什么？

思考。

——爱默生（Ralph Waldo Emerson），

美国诗人、散文家、哲学家

你得停下来去思考你想实现什么样的目标。是让利润翻倍吗？是在未来两年内开 10 个新店吗？在各大洲都拥有一间新办公室吗？不管你的具体目标是什么，你都需要战略性思考，并集中考量一些想法。这里有一些有助于你思考的问题： 你的最终目的是什么？你想让企业往什么方向发展？你想要取得什么结果（效果）？例如，在你使用变革管理工具（见下文）时，你可能想要改变企业，让企业接受一些新想法，并且生产新产品。

● 那么你得设置哪些步骤（目标）才能实现最终目的呢？牢记一点：目标必须具备SMART特征（具体性、可衡量性、现实性、相关性、时限性——见星期一的内容），这样你就可以确定实现目标的可能性和时间了。

● 你要让谁加入该计划制订的过程呢？你不应该仅根据自己的想法来制订计划，还应同高管和其他同事共同制订计划。

● 计划中有哪些设想？例如，计划中是否基于整体经济中某特定增长率而预估了产品的需求量呢？如果达不到预估量，那么又会发生什么呢？

● 你是否充分考虑到了时间、资金以及人力等基本资源呢？你需要多长时间完成该项目呢？你打算花多少钱呢？你做好了相关工作的人员安排吗？如果还没有做好安排，你打算从何处调度你需要的人呢？

● 你是否对整体计划进行拆分了呢？

就一些关键问题如时间、资金以及人力等资源，补充更为丰富具体的细节和信息。

● 你做了哪些应急预算案呢？一般来讲，用于应对不可预见问题的费用应该占总费用的 10%。

● 你更重视工作质量还是工作效益？要追求高质量的工作成果。确保第一次就把事情做好。

SWOT 分析法

SWOT 分析法可以从这些方面考核你：

● 优势（Strengths）：你的企业擅长什么？你在哪些方面比竞争对手做得更好？你独一无二的卖点（Unique Selling Proposition, USP）是什么？

● 劣势（Weaknesses）：你的企业不擅长什么？你在哪些方面名声不佳？

● 机会（Opportunities）：你向哪些方

向发展可以获益？

- 威胁（Threats）：企业面临什么问题，如贵公司跟其他公司的竞争是否变得更激烈了呢？什么制约了你公司收入的增长？

思考这些问题可以让你充分利用优势和机会，并减少劣势以及威胁对你的影响。不过进行 SWOT 分析并不是最终目的，你要向前发展，并处理好这些问题。

把目标转化为行动

既然你已经制订了一个宏大战略计划并且确定了实现该计划的各阶段的具体目标，那么下一步的计划是什么呢？你需要明确员工的职能角色。

不要让两人负责同一项工作，这样做的同时就忽视了其他工作。

我们根据星期二的内容可以发现，团队管理的重要之处在于明确成员间不同的职能角色。每名团队成员不仅应该知道自己的职责所在，而且还要了解其他成员的职责，这样所有人都清楚了自己的作用，也明白自己在整体战略中所处的位置。

在你确立员工的目标时，他们要清楚该向哪个方向努力。这样他们就会鼓足干劲并且拓展自身的能力。

设定具体的目标

作为咖啡店的经理，特蕾莎非常明智——她知道不能给员工树立太多工作目标（“少即是多”），她还清楚必须给员工确立具体的工作目标——不仅要“更侧重顾客”，还要“在顾客入座点了饮品后的两分钟内上饮品”。通过观察不同时间的顾客数量，她招募了充足的员工来满足白天高峰期的需要。

制订并管理预算

作为一名管理者，需要掌握一些财务技能。其中一些技能可能更具有技术性，其他一些则相对更容易掌握。

制订预算

未来预算是建立在今年预算的基础之上的，你需要准确掌握不同类型的信息，以便作出恰当的决策。这些信息包括：

- 到目前为止今年的财务数据——收入和支出；实际收支情况和预算收支之间的差异以及发生这种变革的原因；利润或损失，如果是后者，要对原因进行总结。
- 明年的目标。
- 明年企业努力的方向。
- 薪资的增长。
- 通货膨胀。
- 生产力的提高。
- 企业想完成的计划或项目。
- 应急情况的准备。

汇总预算并不仅仅是把数据输入到电子表中去，

你同时还要考虑：

- 其中的假设是否真实可靠，如原材料价格会在未来 12 个月保持稳定吗？你们公司真的会进一步发展并且完成你确立的目标，即明年占领 10% 的市场份额吗？
- 员工成本。
- 企业日常管理费用（一般性业务费用）。该费用是否准确反映了企业的实际成本呢？

财务和政治技能

肯作为一名管理者，非常清楚确立预算不仅有关财务状况，还有关职场政治。肯发现自己还没开始制订预算的工作，同事就已经开始交头接耳了。他感觉到公司员工（和客户）都在估量公司接下来12个月会向哪个方向发展。

肯花了很多时间来把安装新订单系统的项目成本拆分为更小、更容易管理的模块。他的预算证明新订单系统将在9个月内收回其成本，他为此感到特别自豪。肯最终得以把一份内容翔实、论证充分的预算案提交给了财务总监。

预算管理

作为管理者，你的职责之一就是要管理团队预算。再次强调，掌握正确信息至关重要。确保财务软件定期将收支分析报告上传到分配特定项目支出的“成本中心”，然后你就可以监控并审查收支情况并采取相应行动了。

如果超出了预算，这里有一些帮助你减少开支的建议：

- **只把钱花在必需品上**——对你而言必不可少的东西而不是“锦上添花”的东西。你可以推迟购买特定服务或产品。

想想可以让你的工作更富有成效、更高效的方法：

你全部的会议都是必要的吗？我接触到的大部分公司会议议程都是关于会议本身，而不是有关实际工作的！

你有哪些方面的工作是不必要的呢？

- **尽可能减少开支**。把头等舱调整为商务舱。员工是否可以买打折机票进行商务旅行呢？

- **减少工作时间**。不在圣诞节和新年期间加班或延长工作时间。

- **在员工已离职后暂停相应岗位**。然而，这样做将意味着团队其余成员不得不承担额外工作，这可能会让其难以接受。

2012 年 12 月预算及实际开支情况

	2011 年 12 月 预算（英镑）	实际开支 （英镑）	差额 （英镑）
人员			
薪资	88700	89000	（300）
开支	2500	1572	928
办公			
电话通信费用	2000	1612	388
保险费用	2100	2000	100
水费	500	389	111
取暖及照明费	6400	7003	（603）
影印、邮寄及文具费	7500	9000	（1500）
网站维护	300	352	（52）
办公家具 / 设备	200	210	（10）
杂项	500	179	321
维护费用			
日常维修	9000	8790	210
救急费用	1800	1840	（40）
安全报警服务	320	600	（280）
供暖服务	600	750	（150）
翻新费用	0	0	0
供应开支（厨房）	1000	753	247

	2011 年 12 月 预算（英镑）	实际开支 （英镑）	差额 （英镑）
杂项	500	310	190
IT 设备	2700	2900	（200）
杂项			
会议开支	200	0	200
银行费用	350	358	（8）
会计费用	1500	1652	（152）
应急开支	12000		12000
总计	140670	129270	11400

注意事项

● “差额”一列中的数据，不加括号的表示实际开支小于预算；加括号的数据表示实际开支大于预算。

● 数据显示，尽管一些支出——特别是薪资，取暖和照明，安全报警服务，IT 设备，供暖服务，会计费用，尤其是影印及文具账表——高于预算，因为应急开支庞大，实际余额仍有 11400 英镑。

研发其他制度

我对大家都在用电脑的场景记忆犹新。我每天都会想到自己每个月都在做同样重复的工作。我需要规章和制度——或者至少一些表格，这样我就不用每个月“进行无谓的重复工作”。因此我设计了一些规章和制度——花时间来节省时间——以便我能专注于真正的工作，即专注于规章的内容，而不是规章本身。

你经常需要完成一系列流程，如：

- 填写 / 检查考勤表
- 检查复印机的使用情况
- 确保员工遵守假期规章
- 准备设定年度目标
- 确保员工遵守卫生、安全和数据保护政策
- 准备年度预算计划
- 管理预算

你需要“业务管理”。你可以引入各种制订好的规章，但经验表明，如果没有人监督核查，这些

规章就不可能奏效。任何你说要定期做的事，或任何你对高级管理者说的言论都必须加以核对。

管理报告

你要将一些流程与会计系统联起来运行，以便在成本、质量、支出及收入增长等这些重要方面向高管们提供清晰、一致的信息。这些都会包含在关键业绩指标（Key Performance Indicator, KPI）的表格中。该表格会对你所在企业的战略实施情况进行客观评估。

你的目标是让高管作出明智的决定，不仅让其能针对目标来分析业绩，而且还让其对未来能作出战略性规划。

解决问题并作出决策

作为管理者，你大部分的时间将用在解决问题和作出决策上。

解决问题

这里有一些方法：

● 看看是否是你自己的问题。你应该对此负责，还是别人应该负责？或者这只是一件你必须忍受的事呢？如果是你自己的问题，该问题重要吗？解决该问题会对你的工作造成重大影响吗？根据帕累托原则［以意大利经济、社会学家维弗雷多·弗雷德里科·帕累托（Vilfredo Frederico Pareto）的名字命名，也被称为 80/20 法则］，即 80% 的问题可能由 3 个主要原因造成，而 20% 则由 20 个小原因产生。你最好集中精力解决一些重大原因所造成的 80% 的问题，而不是专注于许多原因引起的 20% 部分。

该问题的紧急程度如何？如果你无动于衷，问题将变得更严重，那么行动宜早不宜迟。然而，有些问题偶尔也可以转化为机遇，所以不要总觉得你不得不解决所有问题。

● 找到问题的根源。思考并与其他同事通过把问题拆分开来进行讨论、分析，从而让你进一步明确问题并理解它。尤其要关注问题原因而不是其表现或影响。因此如果有人的工作不达标，就不要一直以此来抱怨。相反，你要努力找出原因，问问这些人是否需要培训，或者考虑他们是否更适合其他工作。

坚持问问题，尤其是要究其原因。这样你就会对真正的问题有完整的了解。通常提出恰当的问题比给出正确的答案更有意义。

- 了解问题发展到了什么程度。如果产品质量正在下降，那么是会对 0.1% 的产品造成影响还是会对 90% 的产品造成影响？

- 关注重要问题。不要陷入对细节的纠结。（例如，“他总是迟到，因为 101 公交车总是迟到……”）

- 利用经验。随着你成为管理者，你会有这样的感觉：“我以前遇到过这样的情况。上次我是怎么解决这个问题的？”

- 就不同的反应进行思考。这里有一些可以创造性应对问题的技巧：

头脑风暴：拿张白纸。让一个人陈述问题，然后让其写下从不同的角度对这个问题的思考，例如，分别站在客户和竞争对手的立场。鼓励参与者分享彼此的想法，而不要互相批评或评价。最后，参与者就如何把最好的想法推进到下一个阶段达成一致意见。

画一个流程图，让其展示问题发展的不同阶段，问题（即其症状）的表述方式以及导致该问题的原因与结果之间的联系。

跳出固有思维模式进行思考。你很难组织语言来表达该问题吗？那么就把它画下来，或者你如果可以用一段音乐或角色扮演来更好地阐释问题，那就这样做吧。

画一个图标模型（见本书星期四的内容）。

进行 SWOT 分析（见本章开头部分）。

决策

这里有一些方法：

- **行动，不要过度分析**。我很擅长分析，而幸运的是，我的妻子行动力很强——这就是我们能组建成一个优秀团队的原因。最后，你要停止分析并作出决定。

● **检查可行的解决方案**。我们生活在一个不完美的世界里，因此你所作的每个决定都不可能是完美无缺的。你现在可能不得不用你所有的知识作出决定，而你可能要在两年内再回顾该问题。

● **与其他同事讨论这件事**。如果有必要，请咨询专家。专家可以提出你未想到的问题、风险或可选方案。努力进行集体决策：至少如果这个决定是错误的，错误会归咎于集体，而不仅仅是一个人。如果有必要，私下跟同事讨论而不是集体讨论细节问题，因为更大的群体可能会受到职场“政治”因素的影响。

应对变革

作为管理者，你工作中一个重要方面可能就是变革管理：你可能要大幅度改变操作流程来降低成本。你需要做的就是改变员工“我们一直是这样做的”这种根深蒂固的思维方式。

回应变革

● **人们不喜欢改变**。“我们一直是这样做的”

可能会是其口头禅，也许人们之前就是这么做业务的——那么我们为什么要改变呢？

- **人会对变革感到不安**。很多人喜欢例行公事的生活，而如果有变革的话，其生活方式就会受到影响。
- **人会因变革产生受威胁感**。变革会产生未知的恐惧。变革可能会影响员工的认同感。

引导变革

这里有一些引导变革的诀窍。

- **了解你的组织**

组织的总体氛围如何呢？有变革的条件吗？员工的整体情绪是充满信心，是“我能”这样乐观进取的心态，还是态度消极、充斥诽谤和内斗的愤世嫉俗的情绪呢？你不仅要知道组织中心发生了什么，还要了解其周边信息以及没发生的事情（或不再发生的事情）。与同事交谈，更重要的是去聆听他们的心声（见星期四的内容）。

- **强调企业愿景、目标**

不要因次要问题而分神。你的组织的使命可能是服务社会，但这并不是企业的工作重心。重新调整团队成员的目标愿景，这样才能让员工理解它。

在管理变革的过程中，你要不断解释你正在做的事情的原因，这样可以让员工相信变革是必须的。

在你想对组织进行变革时，不要将变革用于满足个人偏好，这一点是至关重要的。高管必须致力于变革，并且必须证明其结果直接影响组织的主要目标。采取适合的策略很重要，这么做可以通过传播价值观来落实目标。你要向团队成员解释清楚必须变革的原因（例如，因为竞争而导致生产力下降或减少公司利润）以及变革将产生多少收益。

● **培养新价值观**

把目标愿景转化为决定组织工作重心和风气的价值观。尽可能确保这些价值观简单实用。（我给一些警官主持了一次写作课程，并且坚持要求他们用日常用语来简要表述其价值观。课程总计2个小时，结束时，警官领导说：“马丁，你用2个小时就改变了我的写作风格！”）你可以对以前的观念进行改革或者重新建立价值观。

● **让员工参与进来**

在变革管理初期，你要让涉及变革的员工参与进来。不要让其不知所措，让其参与制订目标愿景、战略与决策。把有影响力的员工留在身边。激励尽可能多的员工。

● **进行良好的沟通**

我们会在本书星期四的内容看到，在企业中良好的沟通是至关重要的，而在你想改变一个组织时，这一点更为重要。有关工作、角色和位置变更的谣言可能很容易产生，而这些流言蜚语会降低士气，导致员工干劲不足。清晰、深思熟虑且有计划的沟通对于拉近员工和你之间的关系是非常重要的。正式、公开的交流非常重要，但同时走廊间闲聊之类的非正式的谈话也很重要。我一个老朋友会有意在查看公司办公室时多停留些时间，这样他就可以有更多的时间跟员工交谈。

认可员工取得的成果和付出的努力，庆祝纪念日。我业余时间去的某俱乐部就是以在酒店聚餐的方式来庆贺委员会启动变革的决定。

专注于目标但同时愿意就实现目标的方法进行协商。

坚持说明目标及变革势在必行的原因，但同时也要灵活处理细节问题以及员工得以完成目标的工作方法，以便让其有参与感。不要让你的主要目标受到一些发生不重要职位变动的员工的影响。

尽快取胜

找出变革中一个可以较快并相对容易实现，且能达到预想结果的领域，这样就可以让更多人知道正在发生变革，而且还可以产生积极影响。

进行渐进式变革

玛莎升为组长后，她产生了许多有关变革的好想法（如：团队统计数据、轮值表、个人新目标）。然而，其同事对这种快速变革表示不满，并且找其导师反映此事（针对“演进”而不是“革命”）。因此玛莎放缓了变革的进度，更审慎地推进变革。结果随着变革的成功，员工也变得更加自信了。

总 结

今日内容涉及工作管理：

● 退一步，然后进行战略性思考，并且设定目标，再将目标转化为行动

● 设定并管理预算

● 研究其他新制度

● 解决问题并作出决策

● 应对变化

下一步：

● 你知道企业的战略目标吗？

● 他们做了哪些假设？你认为这些构想能奏效吗？

● 你的战略计划能否顺利转化为明确的目标呢？

● 你对公司或机构的预算和财政情况理解多少呢？你会采取什么方法来进一步理解这些情况呢？

- 你打算采取哪些日常活动来进一步提高工作效率呢？
- 你能用哪些方法来解决你所面临的问题呢？
- 你如何才能更有效地变革你的企业制度呢？

小测试

1. 在你把战略计划转化为具体目标后，这些目标应该是：
a) 不存在的 □
b) 大量且清晰的 □
c) 少量且清晰的 □
d) 大量且模糊的 □

2. 在 SWOT 分析中，SWOT 代表：
a) 风暴（Storms），欢迎（Welcome），职位（Offices），麻烦（Trouble) □
b) 研究（Study），轮子（Wheels），起源（Origins），时间（Time） □
c) 方法步骤（Steps），智慧（Wisdom），输出（Output），思考（Thinking） □
d) 优势（Strengths），劣势（Weakness），机会（Opportunities），威胁（Threats） □

3. 预算中备有紧急情况开支是：
a) 有益的事情 □
b) 奢侈的事情 □
c) 必不可少的事情 □
d) 紧急情况是什么？ □

4.KPI 是：
a) 肯塔基州粉红色装饰材料（Kentucky Pink Improvements） □
b) 关键绩效指标（Key Performance Indicators） □
c) 袋鼠绩效指标（Kangaroo Performance Indicators） □
d) 关键绩效光电隔离器（Key Performance Isolators） □

5. 在努力解决问题时：

a) 要不断地问“为什么”，直到找出产生问题的原因 ☐

b) 对表面原因感到满意 ☐

c) 探究问题的表现 ☐

d) 探究问题造成的影响 ☐

6. 在努力解决问题时：

a) 首先要省钱 ☐

b) 画出停车场的图 ☐

c) 收集所有细节问题 ☐

d) 关注重要的问题 ☐

7. 你有时不得不在工作方面为了节省时间而花时间做一些事情：

a) 这无关紧要 ☐

b) 我还没时间来考虑该问题 ☐

c) 确实如此 ☐

d) 不是如此 ☐

8. 在进行变革时，你要：

a) 批评员工表现不佳 ☐

b) 不断地陈述你进行变革的原因 ☐

c) 一旦你进行变革，就保持沉默 ☐

d) 对进行变革的原因保持沉默 ☐

9. 在对一个组织进行变革的过程中，良好的沟通和领导是：

a) 至关重要的 ☐

b) 不重要的 ☐

c) 有益的 ☐

d) 一件奢侈的事 ☐

10. 尽快取胜是：

a) 完成你认为会失败的部分 □

b) 完成可以快速实现，并且可以产生好结果的变革领域 □

c) 赢得一场球赛 □

d) 庆祝胜利 □

星期四

有效沟通

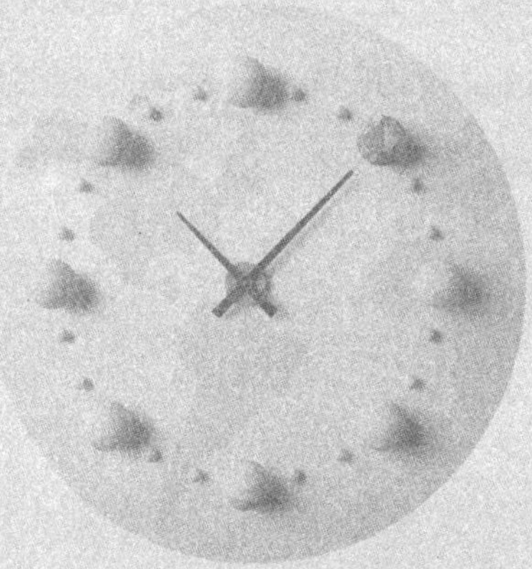

“我从不知道发生了这件事。”“没人告诉我这件事。”“这是我第一次听说这件事。”这些话是不是听起来很熟悉呢？

进行良好沟通是你作为管理者的一项重要工作。角色和职责相互交叉影响，你需要花大量时间弄清楚谁应该做什么，如果更早弄清楚的话，就可以得到更好的效果。

因此今天我们换个角度思考，作为管理者，你应该用聆听、发邮件、打电话、写报告、演讲、协商以及解决冲突等方式来进行沟通。

我们同时还要格外重视会议。会议目的是什么？如何筹备会议、主持会议、参与会议、跟踪会议？以及提高阅读技巧的方法。所有这些都是可以让你成为更高效管理者的核心技能，你应该在这些方面努力培养自己。

聆听

常言道，“上帝给了我们两只耳朵和一张嘴”，因此，我们在发表意见前要多听听别人的想法，这样做才是明智的。

● 聆听重在关心他人的心声。通常在别人说话时，我们关心的都是自己打算如何来回应。

在别人讲话时，我们不要打断对方。请停下来好好听听别人在讲什么，并进行眼神交流。以你自己的理解复述其讲话内容（例如“那么你真正的意思是，我们要再研究下整个过程”），这个过程我们称之为“反思聆听”。

● 聆听体现出你重视对方的个人价值，这样做你可以理解他们这样工作或讲话的原因。

● 聆听让你可以提出恰当的问题。一旦你关心别人（而不是你自己），你就会想了解更多。我们可以区分两种问题：

封闭式问题。可以直接用“是”或“否”来回答这些问题：“该项目是否逾期了呢？”“是这样的。”“你能否在下午5点前把数据交给我呢？”“不能。”

开放式问题。用“为什么”“怎么样”“谁”“何时”“在哪里”“什么”这样的词来交谈：“你为什么认为项目会逾期呢？”“因为我们没有客户现在想要的额外工作计划。”作为管理者，你问的大多数问题都应该是开放式问题。

- 聆听可以让你通过员工的身体语言、说话语气及其用词来理解其对你讲话内容的反应。

- 聆听可以让你“听懂字里行间的含义”，从而理解任何潜台词 。你可以这样回应：“那么我猜你的意思是，你需要别人来帮助你按时完成这项工作。”

- 聆听可以让你分清事实和观点。你会同时听到这两种信息，仔细聆听可以让你辨别出什么是客观信息，什么是对这些信息的主观看法。聆听可以建立人与人之间的信任：你向其真实地表达了兴趣，这样就形成了你与对方进行合作的良好基础。

苏西很生气

苏西很生气。虽然她每天工作到很晚，但却觉得自己的努力没有受到赞赏或重视。新同事简刚开始跟她一起工作时，苏西在工作上出了点儿事。简并不只会管好自己的一亩三分地（她把工作完成得很好），她还关心同事——她停下手头工作来听苏西倾诉。苏西流着泪对简倾诉了很多心声，还在结束谈话后告诉她："谢谢你听我说了这么多，你是第一个听我讲这些事情的人。"

交流的基本要素

在有关沟通的研讨会上，我就缩写为 AIR 中的基础要素而进行探讨：

- **观众**（Audience）：我们要根据听众调整谈话内容。例如，给邻桌同事的邮件中的用语就和给公司常务董事或外部顾问的邮件不同。

- **意图**（Intention）：你究竟想就什么内容进行交流？你有什么消息要传答？你如果不清楚自己的意图，那么你写的邮件或报告也不可能让人明白。

- **回应**（Respond）：在交流之后，你对员工有什么期待呢？你是否向员工表达清楚了你想让他们下一步做什么？你应该不想听到他们说："好的，我明白，但那又该怎么办呢？"

电子邮件

电子邮件是个好工具。我们可以用电子邮件及时与全世界的同事联络。但是电子邮件也有其缺点。例如，我们会收到很多我们不需要的邮件，这些垃圾邮件妨碍了我们去处理自己应做的工作。

下面有一些小窍门：

● 写明邮件主题，这样可以有助于收件人了解邮件内容。

● 谨慎使用“抄送”（Carbon Copy，简称 CC，相当于纸质办公时代的“复印件”）和“密件抄送”（Blind Carbon Copy，简称 BBC，即“秘密送达”）。只抄送给那些真正需要看到邮件的人。“抄送”和“密件抄送”的区别是：我如果发送邮件给科林并且抄送给德里克，又密件抄送给埃德，那么科林会看到我发给了德里克，但看不到我发给了埃德。在你不想让人知道还有谁在收发邮件列表上时，“密件抄送”对批量发送电邮也同样起效。

● 你可以根据企业政策和自己的性格推测对方能接受什么内容。如，我认为自己很难接受陌生人跟我用“嗨，马丁”这句话打招呼，除非是和自己关系好的同事。

● 长邮件中，我们要把关键信息写在开头。这样的话，收件人就一目了然了。我们还要花点时间来给你的邮件排版，要先想清楚邮件内容，每一段话都要有一个主题。请记住，你如果都不清楚自己写了什么，那么收件人肯定也读不懂邮件！

- 每句话尽量控制在15~20字。在我教的一节简明表达写作课上，要求学生的所有关键信息都要在67个字以内写完！

- 注意你邮件的用语。你认为什么话会被误解呢？“我期望尽快收到您的报告”可能会被解读为“你为什么逾期了？”请在邮件结尾处附上恰当而真诚的问候。

- 确保拼写、语法以及标点符号正确。

- 使用通用且没有歧义的缩写。

- 避免使用意味着喊叫的大写字母。

- 在邮件结尾写上联系人信息，包括职称、电话号码（固定电话、移动电话）和邮寄地址。收件人可能会给你打电话来确认信息。

- 在用各种形式进行沟通时，请核对自己讲话内容准确后再发送出去。比如我们收到一封邀请邮件，邀请我们于星期二9月14日参加会议，之后却意外地发现9月14日是星期三。结果很多同事花费了宝贵的时间去回复邮件来核对日期，并让发件人明确了日期后，再发邮件确认一次。发件人如果核对过后再发送邮件，我们本可以避免后面的麻烦。

尽量让自己白天在一些固定时间来阅读和回复邮件。在需要集中精力工作的时间，请关闭电子邮件提醒。到了该看邮件时，我会这样想："我现在已经点开了这封邮件，那么我就回复一下。"养成这样的习惯，就可以显著改善你整体的工作情况。

别忘了电话

需要就复杂的事情进行讨论时，打电话往往比用电子邮件沟通效果更好。在你使用电话时，请写下你想讨论的事情的要点。

因为打电话可以立即回应对方，并且立即确认对方是否已经理解你在努力说明的事情，如果对方不理解的话，你就可以用别的方法再解释一下，所以电话仍是建立和维系工作关系的有效工具。

会议

工作有时好像被一个个会议所占据，但我们却并没有真正完成什么工作。怎样才能让会议更有意义呢？我们可以就以下几个方面进行考虑：

- 会议目的
- 会议筹备工作
- 会议主持工作
- 会议列席工作
- 会议后续活动

会议目的

- 向员工传达信息，例如，说明新目标或有关工作的进展情况。

- 与员工进行商讨，例如，共同谋划或评估解决某问题的方法。

- 作出决定，并就下一步应采取的行动达成一致意见。

小组会议在培养团队认同、促进成员相互交流方面也特别有效。作为团队领导者，你可以用团队会议来激励团队（可回顾本书星期一和星期二的内容）。

会议筹备工作

成功召开会议的关键在于准备工作。而至关重要的就是，你应该：

- **了解会议目的**。我们召开的很多会议都没有明确目的，而且我们可以大幅缩短会议时间甚至取消这些会议。因此，你需要非常清楚你想通过会议来达到什么目的。
- **提前计划好时间（何时开始、何时结束）和地点**。在我参加过的一些会议中，我赶到了约定地点后，却发现会议在另一个地方召开。
- **提前向关键人员发出邀请**。你如果想让一位日理万机的老板参加会议的话，只提前一天发出邀请并不是一个明智的做法。你要提前很多天向其发出邀请。你如果需要私下与关键人员就任何可能有争议的议程来事先商量的话，同样需要这样做。

- **提前传达议程**。这样做意味着你要事先对会议结构和目的进行思考。此外，提前传达重要议程文件，而不是在会议召开时才通知大家。在理想的情况下，每份相关文件不超过 1 页。

- **布置会议室**。布置好座次，布置好桌椅；让主持人坐在两侧各有 10 个席位的长桌的中间位置。如果要展示演示文稿，要确保投影机和线路一切正常。检查暖气或空调的运转情况。

- **提前阅读报告**。如果在会议前分发报告，那么就要提前审阅。我参加过的很多会议都是在入席之后才发放应该事先审阅完毕的材料。

- **确保信息准确**。例如，会议内容如果有关把控进展情况，那么你就要有所有最新的数据。

会议主持工作

主席人要确定会议基调，并引导参与者进行讨论。

其工作内容包括：

● 按议程主持会议，以确保会议按时开始和结束。

● 介绍并欢迎新人，或者让其作自我介绍。

● 回顾以往会议的进展。

● 在恰当的时机让一些关键人员发挥作用。

● 说明关键宗旨和目标。

● 总结当前讨论的要点。

● 汇总商讨的要点，并得出结论，以便作出决定；如果参会者对一件事争执不休，主持人要确认对讨论过程和结果记录准确，以避免以后可能带来的误解。

● 明确后续活动，特别是要明确负责遵从具体要点的人。动作要点应该遵循 SMART（具体性、可衡量性、现实性、相关性、时限性——见星期一内容）原则。

一位好的主持人应该是一名善于交际且具备组织能力的领导者，是大家信任的人，也是关心他人、激励且心怀他人的人。在理想情况下，这样的人不仅能够控制话痨的人，引导少言寡语的人，而且还能找出发挥重要作用的人。一位优秀的主持人也要知道选择什么时间来结束讨论，这样就能作出明确的决定。

会议列席工作

会议的成功离不开参与其中的每一个人。在与会者没发挥什么作用时，人们开完会后往往会问："这次会议的要点是什么"？因此我们每个人都要：

- 集中注意力，认真听讲。关掉手机，别发短信，别打断别人讲话。

- 我们如果不能确定已经得出的观点，请提出问题加以证实：其他同事很有可能也想证实，但一直不敢提出来，怕显得自己无知。

● 保持建设性的态度：即使我们不认可讲话内容，还是有表达异议的正面的方法，而不是愤怒地批评别人或者因为某个错误举动而公开指责别人。

● 应对问题：专注于实质性问题——别跑偏了；我们很多会议都没有商讨“房间里的大象”（指大家都保持沉默的显而易见的问题。——编者注），众所周知的问题却没有得到商讨，因为应付该问题会让人非常头疼。

● 要愿意改变想法：你如果听到了十分有力的论据，那就让自己接受并且改变自己原先的看法吧。

视频会议

视频会议令你可以与同事通过网络来联系，从而节省时间和旅行费用。下面是一些帮助你进行视频会议的小窍门：

● 确保会议进行时房间整洁，静音效果良好。

● 认可并把议程事先分发所有参与者。

任命可以介绍参与者的主持人。将所有相关材料（如演示文稿）提前发电子邮件给相关人员。

- 给与会者制作身份牌。
- 提醒参与者在其交谈时注意镜头。让与会人员在别人讲话时注意听。

会议后续活动

作出了决定但后续没有任何人根据决定而行动的会议都是在浪费时间。如果有后续活动决定的话，那么就应该开展起来。

会议纪要即对会议上所发生的事件的记录，包括对行动要点的记录。记录者并不需要把所有事写下来，而是要记录一些重大决定，尤其是有关日期、日程安排以及财务事项这些必须注意的具体问题。

会议纪要越早发给那些出席的重要员工，员工就越有可能会遵从其活动要点。

优秀的主持人还要跟进一些重要活动项目的进

展情况；他们不会把这些问题留到下次会议，结果发现一直没有采取行动，却已经浪费了宝贵时间。

撰写报告

● 既然你可以使用任何其他交流形式，那么你就要想想自己想讲什么。其中一种有助于你开始思考报告内容的好方法就是绘制模式图（又称思维导图）。拿一张空白的 A4 纸，将其放在远处，在中间写上报告主题（写一个或几个字，但不是完整的一句话）。你可能会发现用铅笔来写很方便，这样如果需要修改的话，你可以方便地擦掉再修改。

● 现在，把你想到重要的事情写在你的中心词（中心句）周围。你并不需要按重要顺序来列出这些想法；你只需要将其写下来。而且，你不用把这些想法固定下来。

● 任何时候如果你想不出什么主意了，就可以问问自己“为什么”“怎么样”“什么”“谁”“何时”“何地”和“多少”。这么做可以把你的思路确立起来。

● 在我这么做了之后，我常常会惊讶：（1）这工作多容易啊，根本就不像工作！我似乎立即就自然而然地想到了这些想法和概念。（2）这张纸太有用了。我已经找到了所有（至少一些）重要的问题。我一定要保存好这张纸！

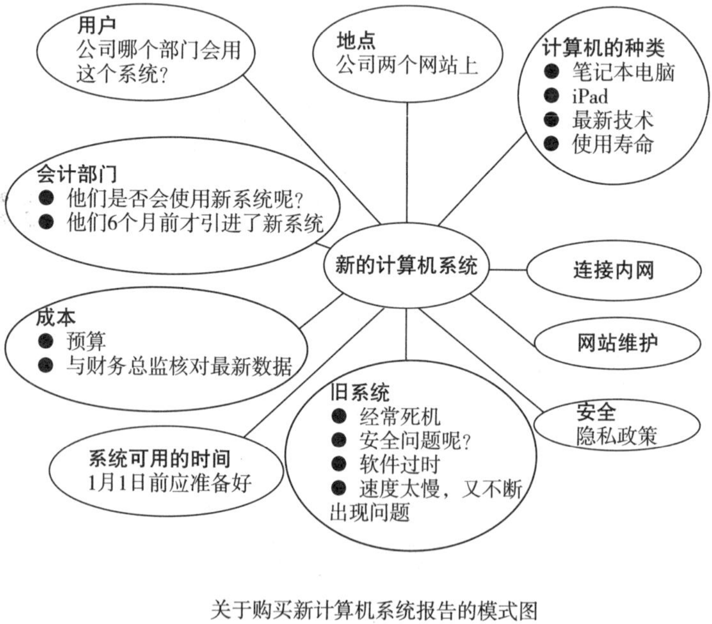

关于购买新计算机系统报告的模式图

● 了解观众，了解其意向与回应（见本章最前面的内容）。这将决定你应该在报告上记录多少信息。换句话说，如果高管只需要 1 页报告，就不会因为要写 10 页而烦恼。你如果有疑问，可以与同事商讨。

● 用公司已经确立的报告模板来写报告。

● 确保信息条理通顺、结构清晰。

● 表达清楚，并且如果可能的话，还要做到简洁，只使用读者熟悉的缩写和技术术语。

● 尽可能多准备几个草案，这样你就可以给自己吃一颗定心丸，即你确实做到了准备充分。然后去筹备材料，再对其进行编辑。

● 要尽量做到精简。你可能听说过这样的说辞：“我给你写的信篇幅太长了，因为我没有时间来做到言简意赅。”简明写作是一门艺术，它非常有用。如果报告很长的话，那么就把总结放在开头吧。

● 正确使用语法和标点符号。时间不足不是跟关系亲密的朋友马马虎虎地使用不地道的表达方式或缩写的借口。

更有效地阅读

今日内容到此为止，我们谈及了倾听和写作。另外还有两种交流形式：阅读和演讲。这里有一些帮助你更有效地阅读的小技巧：

- 有目的地阅读文章。你是否仅仅要核对事实，还是要整体把握文章，又或者要深入了解有关领域？

- 你如果要进一步解读文章，那么你就要：

注意指示牌上的说明介绍和结论；注意这些词，如“首先”“其次”；注意段落的开头；还要注意与“一方面”和“另一方面”类似的表达，这样可以让你熟悉文章结构，还可以帮助你理解其内容。

在计算机上或在纸上重新组织你的语言。用自己的方式来表达作者主要讲了什么。

就作者的论点进行思考：你是否认可其观点呢？你是否认可文章中的假设呢？提出一些对文章的疑问，找找文中是否有答案。多动动脑子。

读完文章后，看看你是否还记得其中的主要甚至更详细的内容，看看自己能不能把这些讲述给别人听。

阅读统计

下面是一些有关阅读和理解数字的准则：

● 核对基础信息：日期、使用的原料、使用的量表、背景数据。核对所使用术语的定义。例如如果数据代表一个样本，那么样本有多大？其中的假设是否合理？是否忽略了某些数据？为什么呢？这些数据可靠吗？如果其中一些数据需要以百分比的形式呈现出来，那么哪些数据要以这样的方式呈现出来呢？

● 选取一行或一列数据，然后就其内容和含义来进行思考，从而理解数据。

● 将这些数据进行比较，并分析其趋势。这些数字是否表明了增量或减量的一贯模式？例如，实际支出是否一直大于预算呢？

● 估算平均值。计算特定某一行或列的平均值，看看有什么变化和异常，努力找出问题的原因，如，这一问题是因为较高或较低收入还是因为区分就业层次导致的？

● 阅读数据的同时还要阅读相关文字信息，并且看看与自己的观点是否一致；尤其要警惕“显著的”“这些数据一定表明了”这样的话。

● 小心看待假定趋势持续下去的数据推断，别太相信这些推断。

进行演讲

作为管理者，你经常会受邀作演讲。下面是一些指导方法：

● 按计划做好准备。了解听众，他们是高级管理人员还是员工？

● 找出关键信息。你要十分清楚自己的讲话内容。演讲稿上最多只写 15 个词。演讲的标题一定要简洁。不要往演讲里塞太多内容，要记住“少即是多”。

把你演讲的关键点进一步细分出来。精雕细刻你的语言。使用简短而不是冗长的日常用语。因此，用“努力”（try），而不是“竭尽全力”（endeavour）；“需要”（need），而不是“必不可少”（necessitate），

“停止”（stop）或“结束”（end），而不是“终止”（terminate），用“有害的”（harmful），而不是“不利的”（detrimental）。

改变交流方法。多问问题。举例来支持你自己的观点。要富有创意。用图片来说明你讲话的内容(但要注意其版权问题）。

演讲的各个部分都要做好。开头尤其要精雕细刻，这样做开场白（“你知道……吗？“我在读今日报纸上……”）和总结全文并且重申主要观点的结尾（“因此，下一步计划是……”），才能吸引观众。

按照逻辑顺序来明晰要点的结构。你如果可以通过对仗工整的词语来梳理其结构，或用“ABC”之类的缩写［如，我在有关写作的一次演讲中就鼓励观众要写得准确（accurate）、简明（brief）、扼要（concise）］，那么你的观点就会让人印象更加深刻。

● 想想你的观众很可能会有什么反应。观众会对此话题非常感兴趣吗？还是会觉得无聊？会不会认为演讲缺乏说服力呢？会不会对其产生怀疑？我们要做好与其沟通的准备，预计对方很可能的反应。

● 清楚自己演讲的用时。15 分钟还是 1 小时？你如果提前讲完的话（但不要太早！），听众会非常感激你，但是你如果演讲时间太长的话，没有人会高兴的。

● 准备好演讲的所有文字资料。你需要打印多少资料？你打算什么时候发给观众——演讲之前还是之后？

● 考虑实际操作问题。座次是怎么安排的？我在一次研讨会邀请了 45 名代表，发现安排好的座位看起来太像一个考场，因此我们又作了调整。不要忘了检查取暖、照明和空调设备是否正常工作。

● 把演讲稿写下来。无论是写下你打算说的每句话还是演讲速记笔记提示。如果你这样做了，你就不会逐字逐句地读出来。这些想法很有可能已经成为你的思维方式的一部分。在你有了更多经验后，你可能会发现你可以利用速记笔记来工作了。

● 要充满热情，保持积极乐观的态度。如果你有消息要宣布，那就赶紧宣布吧！自然一点，做你自己。我用了好几年才发现并培养出自己的演讲风格。我曾经的同事五年后联络我，邀我在其公司主持研习会时，我感到很惊讶。他说：“我记得你的演讲风格。”

● 要考虑到休息时间。你的演讲如果超过 45 分钟的话，就要安排休息时间了，这样观众也可以休息一会。

你如果正在做 PPT 展示的话，需要：

● 留出足够的时间来准备演讲，尤其是在你对演示软件不熟悉的情况下。

● 幻灯片中不要有太多信息。保留主题内容，不要把讲话内容都写上去。

● 保持一个主字体。使用大字号，最好至少有28磅；每张幻灯片不要超过6行（你记得人们探着脑袋去看幻灯片上的小字的情形吗？）；无衬线字体比有衬线字体可读性更强；标题左对齐（不居中）时可读性更强；大小写字母结合使用，比把所有英文都设置为大写可读性更强。

● 找出合适的颜色搭配，例如红色和灰色，黄色和蓝色。

● 用表格和图表来印证你讲的话。柱状图、饼状图、流程图这些能展示各项工作关键信息的工具都非常好。

● 用能够支持你的演讲的插图，而不是用炫技（或暴露自己不足）的设计和动画制作。

● 不要把关键信息放在幻灯片底部；离屏幕远的人的视线可能会被其他人的脑袋挡住。

● 事先用笔记/文本来排练演讲。

● 确认自己或同事是否会提供投影机以及是否需要把投影机与笔记本和屏幕连接。提前到场来进行准备工作。

- 把自己的演讲文件存在U盘或其他存储设备中，以防你笔记本电脑出现故障，不得不用别人的笔记本电脑查看。

- 确保你在演讲时，与听众进行眼神交流，而不是去看笔记本电脑或屏幕。

谈判：双赢

在谈判中，我们的目标是双赢（这与常规意义上的一方获胜而另一方失败不同）。例如，我儿子本（Ben）搬到亚洲后，他想卖掉他的相机。他的朋友罗布（Robb）刚好想要个相机在旅行时拍照用。本把相机卖给了罗布。结果双赢产生了：他们都获得了自己想要的东西——本获得了钱，罗布获得了相机。

史蒂芬·柯维（Stephen Covey）在其畅销书《高效能人士的七个习惯》中指出，双赢的关键是我们自己的性格：

> 你如果有勇无谋，你会怎么看呢？你

赢，别人输。

你会强大起来并且拥有良好的自我约束能力。你会对信念充满勇气，但你不太会体谅别人……

你如果有谋无勇的话，你输——别人赢。你如此顾及他人的感受以致你没勇气来表达自己的感受……

要做到双赢，必须要有勇有谋。两者平衡是真正成熟的标志。你如果做到了这一点，你就有了倾听别人的能力，并且也能换位思考，但你还可以勇敢地迎难而上。

要取得双赢，要：清晰、诚实并且积极地进行沟通；尊重且倾听别人的意见；对改善的地方作出建设性回应。

（以上内容来自《高效能人士的七个习惯》，史蒂芬·柯维著）。

优秀的谈判者

丹妮尔被选为商定合同的谈判者，她的成功秘诀在于有着良好的规划。她花了很长时间来考察不同商业模式和定价水平，这样在谈判开始时，她就知道用什么方法了。在双方都提出了首个方案之后，丹妮尔能够找出对方的弱点，并按照自己的个性加以利用。在双方到了最后谈判阶段时，丹妮尔找出了关键问题（价格），并且确定了她可以灵活处理哪些不重要的事情——她并不介意将产品交付时间提前 6 周，然而她十分确定哪些事情是没有商量余地的：价格。这样一来她就能够很好地完成这笔交易，并且安排双方下一步的商业计划。

解决冲突

你有时一定会遇到发生冲突的情况，比如失去了对方的信任或双方性格不合。又比如各部门都想要更多的预算，或者避免成为削减预算幅度最大的部门。

遇到这种情况要迅速处理冲突，解决问题。把难处直接而清楚地讲出来，别小心翼翼，也别害怕。

我认为《高难度谈话》（*Difficult Conversation*, Douglas Stone, Bruce Patton, Sheila Heen）以及《调停者》（*The Peacemaker*, Ken Sande），这些书都非常实用。以下是上述作者的一些建议：

把事件本身（正在发生什么 / 发生了什么）与对有关事件的感受区分开。分别考虑：

事件：有人说了些什么；有人受到责备。关注真正的问题所在。仔细倾听他人的意见。多问些开放式的问题。清楚其他人以及你自己的利益。

对于该事件的感受：如生气、受伤害。

相关人员的身份。有时候，人的身份及其自我价值都会受到威胁。冷静看待你对他们的尊重。

尽你所能去解决问题，尽可能地维护人际关系，为将来要协商的解决方案做好准备并对其作出评估。

压力之下

伊莱恩曾经感到压力很大。她实际上在做着两份工作，每份工作每周各占3天时间。伊莱恩越来越紧张，她也知道自己不能再这样下去了。在非正式的一对多以及正式的半年考核时，她向经理罗恩吐露了自己的沮丧。罗恩说，他会解决这个困难，但不幸的是好几个月过去了，什么都没有发生。每次在走廊相遇时，罗恩都会尴尬地躲开伊莱恩的眼神。然而事情最终好转起来，在罗恩离开之后，取代他的是希拉。她的座右铭是“言必信，行必果”，例如，她说她会在下个月第3周结束前检查前一个月的财务数据，她就总是在第二周结束前就完成了工作。因此没过几周，希拉就完全替代了罗恩的角色，她调整了伊莱恩的工作，大家对此也都很满意。不久之后，伊莱恩也变得享受自己的工作了。

总 结

今日内容涉及有效沟通：

- 认真倾听
- 提出合适的问题
- 以不同的方式进行交流，例如，电子邮件、电话、书信等
- 让会议效果更好
- 写出更好的报告
- 更有效地阅读
- 把演讲做得更好
- 展开良好的协商谈判并且解决冲突

下一步：

你需要用哪些实际方法来改进以下方面？选择 3 个你特别需要关注的领域：

- 倾听技巧
- 提问技巧
- 安排电子邮件的工作

- 写作技巧
- 阅读技巧
- 会议策划能力
- 会议的效果
- 演讲技巧
- 谈判技巧
- 解决冲突的能力

小测试

1. 反思聆听是：
a) 就聆听进行思考 ☐
b) 复述别人对你说的话 ☐
c) 对着镜子聆听自己讲话 ☐
d) 思考人生 ☐

2. 在发送电子邮件时，你应该：
a) 抄送给每一个可能感兴趣的人 ☐
b) 谨慎使用抄送功能，只抄送给那些真正需要该邮件的人 ☐
c) 保留抄送邮件上的所有时间 ☐
d) 我不知道抄送（CC）是什么意思 ☐

3. 在阅读电子邮件时，你应该：
a) 立即回复所有发件人 ☐
b) 把回复邮件的工作延迟到星期五下午 ☐
c) 在特定的时间浏览邮件，这样你就可以专注于你当前的工作 ☐
d) 绝不回复邮件 ☐

4. 在你出席会议时，你应该：
a) 迟到 ☐
b) 摆弄钢笔 ☐
c) 及时到达会场，并且提前浏览议程和报告 ☐
d) 及时到达会场，却没有提前浏览议程和报告 ☐

5. 在会议上，你应该：
a) 瞻前顾后，犹豫不决 ☐
b) 永远作不出决定 ☐
c) 下决定，但不将其记录下来 ☐
d) 下决定，并且确保其记录得当且经过核查 ☐

6. 在会议结束时，你应该：
a) 留下来打扫卫生 ☐
b) 忘记行动要点 ☐
c) 遵从已通过的有关你的行动要点 ☐
d) 抱怨会议浪费时间 ☐

7. 在写报告时，你应该
a) 卖弄自己所了解的信息 ☐
b) 精挑细选自己所掌握的信息 ☐
C) 使用长句子从而试图让上司印象深刻 ☐
d) 不用担心语法、拼写和标点符号错误 ☐

8. 在准备做自我展示时，你应该：
a) 一张幻灯片上最多放6行内容 ☐
b) 把所有子论点放在一张幻灯片上 ☐
C) 把你所有的讲话内容放在不同的幻灯片上 ☐
d) 试图让员工对你的动画技巧印象深刻 ☐

9. 在解决冲突时，你应该：
a) 忽视人们的情绪 ☐
b) 不去看看发生了什么事 ☐
c) 只注意到人们的情绪，却忽略了真正的问题 ☐
d) 把员工因问题而产生的情绪和真正的问题区分开来 ☐

10. 为谈判而做准备是：
a) 浪费时间的 ☐
b) 必不可少的 ☐
c) 奢侈的事情 ☐
d) 有时值得 ☐

星期五

项目管理

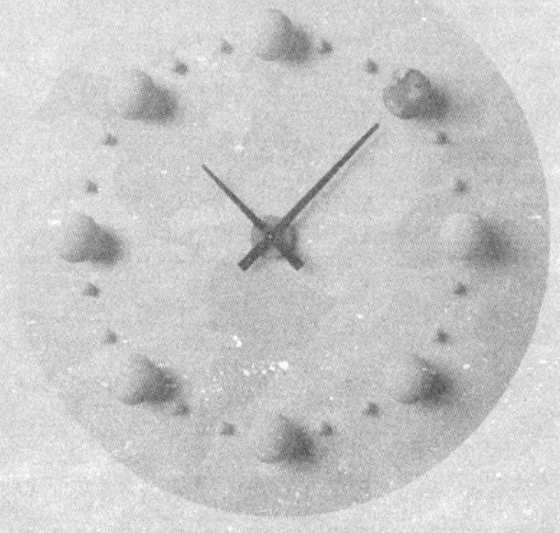

你作为管理者，必须进行项目管理工作。你可能会因此感到很激动，但这个担子还是非常重的，面临着巨大的挑战。那么你该从何处着手呢？

- 剖析项目，并认真谋划，有助于奠定坚实的基础。
- 把参与该项目的主要人员聚集在一起，然后向其清楚传达项目目标、产出和日程表。
- 进一步拆分项目。
- 制订预算方案，这样你就可以合理支配项目经费了。在项目进行期间，请确保严格监控项目开支情况。
- 成功实施项目。做好准备后，你就可以开始实施了。
- 完成该项目最后部分并对其作出评估。你为以后积累了哪些经验教训呢？哪些方面做得不错，哪些做得不尽如人意呢？

规划项目

在我着手项目时，我用了思维导图（见星期四内容）来帮助自己设计最初的想法。你如果也这样做了的话，便会思如泉涌。

首先，与终端用户商讨其具体要求。他们想要什么？不想要什么？要考量项目的背景。项目要满足什么需求？如何改善现状？如何让项目与企业的整体战略保持一致？

你可以这样做：

- 找出按需生产的最佳方式。客户具体想要什么？
- 想想为了满足这些要求，你需要多大规模的团队？
- 为该项目制订日程表。生产的最终时间是什么时候？例如，如果项目是制造圣诞节的玩具，那就需要在9月份而不是12月份配送。从项目关键阶段到现阶段，要在时间上进行倒推。
- 计算出成本并且制订好预算方案。准备商业案例，并取得高层对项目的批准。

● 确保高层认可你的目标、成果以及所需资源。这可能需要进行可行性研究，以确保该项目可靠。

● 制订监督程序来帮助你控制成本。

● 评估可能的风险。例如：项目负责人的权限划分清楚了吗？日程表靠谱吗？是否已经有足够的资金支持？

组建项目团队

在计划初期，找到同事加入项目团队以确保准备工作顺利进行。对项目成果非常感兴趣的个人或组织为其利益相关者。传递项目组名单，显示出姓名、职称、联系方式（固定电话、手机号、电子邮件、传真等）。

利益相关者通常是：

- **项目赞助者：** 高级职员（例如总监），即能够证明该项目的成本和收益是值得的人。还需要让其他同事相信该项目非常重要，需要这些资源。他们有权做出决定并批准所需资金以及其他资源的使用权。
- **项目经理（可能是你）：** 向项目发起人报告且负责实施该项目的人。项目发起人应该授予项目经理开展项目的职责和权限。
- **团队成员：** 项目经理与项目发起人联系，可以将任务委托给团队成员。如果团队成员缺乏经验，那么你作为项目经理，需要对其进行进一步培训、监控和监督。
- **用户（或客户）：** 使用项目最终成果的人。不仅要向用户进行咨询，还要了解其需求，并且在项目每个阶段都要考虑到用户，这样就可以让用户“拥有”成果，并且还感到自己在决策过程中非常有影响力，这样做非常重要。

- **供应商：** 执行任务或提供服务以协助完成项目的人。这些人可能来自组织内部或外部。比如，有的员工负责销售、财务会计或计算机工作。供应商将确保项目按时完成，并且确保项目的资金稳定。

更新网站

琼斯公司为了让用户更方便地使用公司网站并且能在线订购其商品，打算对其网站进行更新。莎莉作为经理，召集了公司销售、IT 以及市场部门的员工来商讨如何完成该项目。她召集了来自不同部门的员工而确保项目安排得很妥当。在这次会议上，他们讨论了很多想法，把项目分为 3 个不同的阶段，每个阶段都分配了负责人，并且还明确了每个阶段的完成日期。会议结束后，莎莉把会议记录发给了每个与会者。精心策划的项目基础工作就这样完成了。

明确工作范围

既然你已经进行了初步规划，那么现在你可以进一步就具体工作进行思考，来明确工作范围，即你要明确该项目的目标和结果。你要根据自己已经掌握的信息来进行这项工作。

工作范围如此重要的原因有二：

● 工作范围可能是你和外部供应商之间的法律合同的一部分。你们如果出现分歧，另一方将参照合同（工作范围）上对争议之事的说明来处理。

● 工作范围也为查看项目进展提供了明确的标准。

工作范围包括：

● 项目的目标、背景、范围和限度（即项目要做什么，不要去做什么）

● 客户期望——应该详细指明项目要提供什么（如确切类型和产品数量）

● 预算（显示资金需要）

● 其他物质资源的列表（如新办公室、计算机）

- 验收标准（例如，我如果写了一本书，在出版商要支付给我酬劳时，要考量我的工作成果是否符合验收标准）
- 项目团队主要员工的名单
- 交货日期
- 对于该项目的假设（如项目实施过程可能的风险）

合同将包括工作范围，并指定付款数额和付款日期（如与某些产品的交付相关）及其他相关因素，如产品和所有权。

拆分工作

克里斯因为项目工程浩大而感到不堪重负，但是在他把工作拆分为一个个可操控的部分后，这项工作就变得似乎不那么困难了。克里斯把项目按结构拆分为各个不同的任务。尽管其目的是要列出所有重要的工作，但他知道自己不可能马上做到这一点，因此他与更有经验的同事就此进行了探讨，进一步明确了自己的工作目标。最终克里斯渐渐作出了详尽的规范。他还编写了显示不同任务、角色和时间的电子表格。高层领导让其在表中写明项目启动、实施、假期、员工疾病以及其他可能影响进程的意外事件的补贴。接下来克里斯根据各个工作所需时间安排了相关工作人员。

核算项目成本

计算出项目的成本

根据工作分解结构，现在就可以开始分配开支了。

- 选定承担这项工作的人。是选择你所在部门的员工或其他部门的员工，还是把一些工作外包给外部供应商？不管是哪种情况，你都要知道相关人员的时薪或日薪。同时你还要确定如果其他部门员工也参与了项目，公司日常管理费用能涵盖多少。

● 确定你要外包给外部供应商的工作量，例如，外部供应商是否有比内部员工更多的专业知识。你需要向其作出有关工作的具体介绍，包括日程安排、既定工作和薪酬。你要记得留有预算时间来介绍可能的供应商，对其报价作出评估，并确定人员在工作开始时就介绍给了供应商，管理并跟踪其工作。

● 确定应对风险以及其他不确定事件的应急费用。

计算出小时费率

假设你每年赚 20000 英镑。企业如果是根据你有效工作时间来支付这些钱，即不算节假日，再算上疾病补贴，这样每年可能要分 46 周来支付：20000 英镑 /46 =434.78 英镑 / 周或 86.96 英镑 / 天，假设你每周工作 5 天。按照有效工作时间算，即每天工作 7 小时的 2/3（4.66 小时），即每小时 18.66 英镑。这是你每小时的工资（在税前和扣除其他费用前）。

然而这只计算了一半。算上管理费用，如雇用的税金、出租写字楼、供热、供电、用水等费用，企业的实际成本是该数字的 2 倍左右。即企业的开支为 18.66 英镑 ×2 =37.32 英镑 / 小时。这意味着，一次商业会议如果持续 7 小时，并且有 6 名员工参加的话，那么这次会议的成本是 7×6×37.32 英镑 =1567.44 英镑。

实际开支可比你想象的多多了！

投资回报

投资回报即你所进行的项目的结果在一定时间的收益率。它是按照以下公式来计算的：

投资回报率 =［利润（或收益）÷ 投资（成本）］×100%

计算投资回报率的方法之一是计算投资回收期，即利润或收益与你投入的成本持平的时间。

例如，培训所有员工撰写报告技巧的项目可能要花费 50000 英镑，包括导师费用、材料以及管理费用。这样可以节省工作时间并且一年可以提高 60000 英镑的生产力，因此投资回报为（60000 ÷ 50000）× 100% = 120%。

确定项目最终预算

确定已经计算的费用：

- 员工：自己部门的员工、其他部门的员工、外部企业人员所花的时间以及项目启动和实施的时间
- 设备或项目所需的设施，如计算机或办公室
- 其他人力资源成本，如招聘和培训开支
- 其他部门的费用，如 IT 和营销部门的开支

预算还应该包括：

- 整个项目过程中的预测现金流
- 任何项目的预测收入

● 在项目实施过程中各项开支拨出到成本中心

● 应急费用：通常约为总成本的10%

计算会议预算的实例

支出项目	**英镑**
扬声器	4000
地点	6000
市场费用	3000
实施费用	3000
办公费用	2000
应急开支	2000
总计	20000
收入项目	
委托费	22000
净利润	2000

如上表所示，你可以推算出盈亏平衡点（收支平衡点）。例如，如果委托费为每人400英镑，你将需要50名代表（50×400英镑＝20000英镑）来平衡开支。因此，盈亏平衡点为20000英镑。如果你有超过50名代表（如表所示，收入为22000英镑，即55名代表，每名400英镑），这样就能够盈利。

如果少于 50 名代表，你就要赔钱了。

实施项目

在你把项目付诸实践时：

- 确认主要相关人员以及现有的资金。确认人员及资金就位的具体日期或时间。
- 与其他利益相关者保持沟通，让其了解相关项目的状态。
- 确保你已经为各项工作分配好了相关人员。检查你的工作分解结构，并确保其明确：

将要开展的工作的开始和结束日期。

重要的里程碑：完成一定比例工作的时间；达到收入水平的时间；已经交付某产品并且被客户 / 用户接受的时间。

- 让工作分解结构保持准确和及时更新。
- 确保你有相应记录实际支出的工具，并且把资金分配到成本中心，从而控制项目支出。
- 在项目预算中制订实际成本和项目收入每月

汇总报表，尽可能保持预算和现金流的准确。

- 为变化制订计划，无论是针对大灾难（如恐怖主义或长时间的不良天气）还是项目内部的各种变化。

- 推进项目，保持专注、乐观和意志坚决。

拯救失败的项目

伊姆兰受邀来挽救一个失败的项目。现任项目经理并不负责任。幸运的是，伊姆兰与他有良好的合作关系。伊姆兰很快发现项目的基本工作都没有做好：会议秩序混乱，缺少完备的议程。会议期间，讨论进行得天马行空，却作不出决定。即使在商定了一些重要的事情之后，也没有任何记录，随后也不依此执行，甚至下次会议也不再回顾。难怪项目成了一个烂摊子！随着伊姆兰与这些员工建立了良好的关系，他很快就梳理好了会议秩序，主持工作、会议记录工作、行动要点以及下次会议上的回顾工作都进展得很顺利。伊姆兰还特别注意定期提交进度报告：项目进展情况总结，上个月完成的阶段性工作，不同阶段工作所用的实际时间，实际费用，成本和预期产出的数据变化，并且还附上导致这些变化的原因，以及对项目完成日期和成本的最新预测。伊姆兰凭借着优秀的人员管理能力和以具体任务为导向的技能，成功让项目回到了正常轨道。

完成项目

在明确项目要结束时，你要保证这些条件都满足才能完成项目。这些条件可能包括：

- 确保产品的产量；
- 确保你交付的产品质量满足商定标准，如验证计算机软件系统符合所要求的规格；
- 测试新设备以确保其功能符合标准；
- 培训最终用户，例如可以为那些将使用你所安装的计算机设备的人制订使用手册或开设课程；

- 完成最终行政工作，例如报告最终进度，特别是涉及资金方面的情况。

评估项目

已完成该项目！你正在庆祝并享受把工作做得很棒的感觉。那么是否还有什么工作要做呢？是的，你需要进行项目评估。评估汇集了该项目的重要问题，因此你可以发现哪些工作做得好，哪些工作做得没有那么好，重要的是可以从中找到对以后有用的经验和教训。

承认失败

关键是要从错误中学习——既不能无视这些错误，假装其没有发生过，也不能大肆宣扬这些错误，把错误都归咎于个人。你的企业中如果员工关系良好，那么就可以进一步提高彼此的信任和尊重。

不要满足于肤浅的教训。你要寻找更深层次的原因，如项目为什么被延误：

● 有适当的监控吗？

● 员工之间是否沟通顺畅，或者重要的决定是否告知了关键员工？

你要确保评估的专业性：你评估的目的不是要责怪某个人，而是要保持积极乐观的态度，然后总结出一些对今后项目有用的经验教训。例如，不要说："克里斯忘了按时预订备用部件了"，而是说："需要提前两周核对所需备用部件的订单"，任何对个人的建设性意见都应该私下跟当事人沟通，而不要在其他人面前提出来。

顺利交付的项目

我最近在负责一个项目，为英国明年3月份的一个展览提供5000本书。我们在今年10月份把印刷事务提上了日程，但因为装帧遇到了困难而延误了。这意味着这批书到明年4月才能运达英国。因此，我们必须空运这批书才能在3月的截止日期前送达。

结果客户非常满意：我们说到做到了。虽然空运成本较高，但是我们专注于满足客户的期望。后来我们针对这个项目召开了一次评估会议，所有关键人员都出席了会议。空运5000本书的决定受到了赞扬——这批书也深受欢迎，而且在展览上售罄。

此外，我们还针对该项目提出了一些建议。在审核了成本之后，我们发现这样做稍微超出了预算。

第一套书的市场反应如此之好，于是我们决定明年再出一批书。我们商定了日程和成本。最后有人建议加强团队成员之间的内部交流，这样就可以取得更有效的结果。随后我们也把记录经验教训的会议纪要分发了下去。

认可成功

和承认失败、错误以及你可以改进的地方一样，你也要认识到自己做得很不错的地方。

鉴定你完成的工作。例如：

- 已交付的令客户满意的产品、服务等
- 符合质量标准的产品
- 与原预算相比的实际支出
- 丰厚的投资回报——与企业根据已投入成本而获得的收益相比，实际所用时间与原定计划相比
- 有力的跟踪和监控成本和进度的监控流程
- 在高效率的组织中，对员工角色和职责都有明确规定
- 团队成员之间的良好沟通
- 客户 / 用户和其他利益相关者对项目的成果很满意

检查财务数据。看看实际开支与原来预算计划支出相比有何不同。

感谢你团队的付出。在你感谢团队成员的付出时，要表扬发挥重要作用的人。用你企业自己的方式来庆祝团队的成功，并且邀请项目赞助商、客户 /

用户和其他利益相关者一起庆祝。例如，你可以请所有有关工作人员及其伙伴大吃一顿。

记录经验教训。判断哪些是行之有效的经验教训，哪些并不是十分奏效，并考虑应采取何种措施来避免再次犯同样的错误。这样的记录将有助于你开展未来的项目。对项目进行最终审核，并向项目发起人汇报，总结该项目的进展情况、经验教训以及建议。确保一切都已记录在案。保存好你的记录，尤其是要采取好方法和措施避免再次犯同样的错误。

总 结

今天我们探讨了项目管理及其不同阶段：

- 明确项目目标和参数，在开始组建项目团队后，你就要准备并且规划好你的项目，奠定坚实的基础
- 努力按预算支出，包括用来应对突发事件的紧急资金
- 在你开展工作时，要确保严格控制成本并同时保证产品质量
- 将项目付诸实践，并完成最后阶段的工作
- 评估项目，为下次开展工作积累经验教训

下一步：

对于你要着手的项目，你要：

- 用 15 个词来定义其目标
- 开始制订预算

- 你做了哪些监控和报告来把控成本、产品质量以及进度？
- 计算你的企业所花费的小时费率

小测试

1. 定义项目的目标是：
a) 浪费时间的 ☐
b) 重要的，如果你能抽出时间的话 ☐
c) 有益的 ☐
d) 必不可少的 ☐

2. 项目需要：
a) 自发进行 ☐
b) 精心策划 ☐
c) 不作规划 ☐
d) 缺少干劲 ☐

3. 利益相关者分别是：
a) 只有项目用户 ☐
b) 项目团队的成员 ☐
c) 参与项目的所有重要人员 ☐
d) 在进行午餐的董事 ☐

4. 工作分解结构是：
a) 项目拆分后的计划 ☐
b) 项目收益的计划 ☐
c) 项目中不同活动的计划 ☐
d) 项目所需人员的计划 ☐

5. 在制订日程表时，应该包括以下内容：
a) 午餐时间 ☐
b) 度假时间 ☐
c) 用于办公设备的资金 ☐
d) 员工工资 ☐

6，不可预见的紧急情况指：
a) 可以明显延误项目的意外事件 □
b) 有预谋的、明显延误项目的事件 □
c) 恶劣天气 □
d) 好天气 □

7. 你的项目预算应该是：
a) 尽可能很酷 □
b) 尽可能未来主义 □
c) 尽可能灵活 □
d) 尽可能准确 □

8. 成本中心是：
a) 项目具体支出分配到的地方 □
b) 出售优质食品的超市 □
c) 利润单位 □
d) 公司日程管理费用的措施 □

9. 监控变化涉及：
a) 监测并报告变化从而控制它们 □
b) 纠正你的文本 □
c) 只向项目委员会报告积极变化 □
d) 只监测变化却对其结果不作为 □

10. 在你处理吸取到的经验教训时，你应该：
a) 就其进行讨论，但不要将其记录在案 □
b) 就其进行讨论并且记录在案，但对其置之不理 □
c) 记录在案，并且未来以此为据 □
d) 忽视这些经验教训，结果你又犯了相同的错误 □

星期六

自我管理

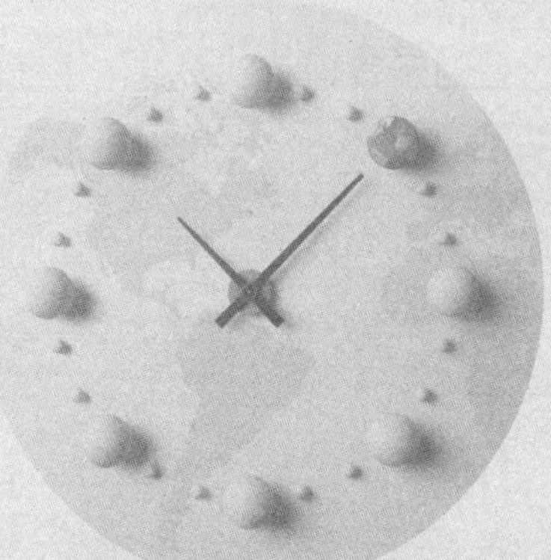

那么我们就到了周末的内容了。你过得如何呢？我们已经探寻了管理人员和团队，管理工作流程，沟通和项目。或许最大的挑战——甚至比刚才提到的一些更加艰巨——是学习自我管理。因此，在某种意义上，自我管理的关键是发掘自己的潜力，让你成为成功的管理者。

今日内容：

- 认识自己
- 变得有序
- 更好地利用时间
- 管理老板
- 应对压力

所有这些对于管理者都是非常重要的。如果不关注这些方面，虽然你仍然可能会成为管理者，但会严重限制你开展高效的管理。而在你培养了这些能力之后，你能够更好地发挥潜力，并取得成功。

认识自己

你是个什么样的人？安静还是热闹呢？自信还是胆怯呢？有决断力还是优柔寡断呢？善于分析文字和数字还是善于跟人打交道呢？擅长具体从小处着眼，没有大局观还是相反呢？情感丰富还是更加内敛深沉呢？是否擅长激励他人呢？

问问你信赖的朋友，但要记住，你可以改变自己。我平时性格很安静，即使退休之后也是这样，但后来我主动在社交场合与人交谈，现在对结识新朋友也变得更自信、更轻松了。如果有必要的话，你可以对你需要改进的地方进行训练：寻求专业的帮助，包括找到教练或导师进行进一步指导。

变得有序

作为管理者，你需要变得有序：

● 整理你的办公桌。清除扔得一团乱的回形针、橡皮筋和订书钉盒（你可能很少使用），把它们挪到固定地点。给你必不可少的文件、显示器和键盘或笔记本电脑腾出位置，这样你就有了足够的空间去思考。

● 你如果有待处理文件盒与已处理文件盒，请充分利用它们。理清放在你待处理文件盒底部有一段时间了的文件。

● 确保你的椅子易于调节，并且有脚踏板。

● 让你的电脑屏幕处于安全、舒适的高度，让其顶部略低于你的眼睛，并且离你的眼至少 63 厘米（约 25 英寸）。

管理时间

以下为良好的时间管理技巧。

知道你在什么时间工作状态最好。你是上午有活力的人还是下午有活力的人呢？维护好自己最佳的工作时间：请确保你使用最佳工作时间来完成需要集中精力以及发挥创造性思维的工作，而不是用这段时间来做例行的管理工作。不要忍不住在这个时候说，“我只是让这些杂活别碍事”；相反，你要着手去做最具挑战性的工作。

做某种形式的日记：纸质版、电子版、云备份——用什么媒介并不重要，日记的本质才是至关重要的。你需要记录你的工作和约会，你要做什么，你必须要去哪，你必须要给谁发电子邮件或打电话。

制订出满足你需要的列表。我会把所有的工作（大型项目、会议、日常管理）写在我每周查看的A4纸大小日记本的相应日期中。在一天结束的时候，我会准备第二天的待办事项列表。

这曾经是张非常简单的列表，但我现在把这张

A4 纸横着放，然后把主要任务 / 会议 / 约会列在左侧，把电话和邮件和少量日常任务列在右侧。白天根据待办事项列表开展任务，完成后将其划掉，再把当天没有做完的工作再写到第二天的待办事项列表上去。

把紧急与重要的事情和不太重要的事情区分开。有些任务是紧急的——其他人可能在等着你解决问题。因此你需要为所有重要工作制订计划，现在你要从重要且紧急的问题开始着手。

未雨绸缪。我每周把重大项目的计划列在墙上，并且每周五也这样做（因此，在星期五下午我既做下周一整周的计划，也做下周一当天的计划）。

保持积极主动。设置优先级——专注于大局，但也不要忘了优先处理当务之急。

从你不想做的工作开始，或者从工作中最大或最困难的部分下手。如上所述，不要对自己说，“我会搞定这些杂活，然后我会去做耗时更多的工作”——这可能意味着你在拖延时间。你如果可用于工作的时间只有35分钟（例如在开会前），那么挑战下自己，争取用这段时间创造出45分钟的价值，而不是对自己说：“只有半个多小时时间，我怎么可能在这段时间做那么多事呢？”

把日常项目记在日记本上。我每月第三个星期四下午是做重大月计划的时间。（选择星期四是因为我知道我星期一至星期三要完成创造性的工作；选择下午是因为我要在上午完成需要思考的重要工作；选择每月第三周是因为我那时可以有跟银行账户核对过的精确数据。）

明确存储文件，无论是纸质版还是电子版。想想用什么方法最容易收取文件。将文件夹命名为“账户”“销售”“发票”等。文件夹按字母顺序或日期顺序排列。

给自己写笔记。也许你认为你将能够回忆起某一件事，但为什么要用你的脑子来努力记录信息呢，尤其是在信息特别烦琐的情况下？例如我知道我必须用一个月的时间来校对一本书，那么我就会对要检查的地方做记录。

提高工作效率。汇总所有呼出电话并且只在一天某些时间回复电子邮件。

文件只看一次。阅读文档，然后采取行动或将其存放起来。不要再看同一份文件——要有决断力。只存储重要且需要保存的文档。

第一次就把事情做对。检查工作，然后纠正之前出错的地方，这样做是非常浪费时间的。这样不仅会影响你的工作，而且还会影响其他同事的工作，很有可能还会影响客户的看法。因此，你的工作质量至关重要。

进一步分派工作（见本书星期二的内容），充分利用闲暇时间，例如，在你等待计算机或打印机启动时，或者会议召开前的几分钟。利用时间读点东西或者写写电子邮件。

把你的电脑当作电脑用，而不仅仅是一台打字机。我经常使用的一个重要功能是“自动更正”。因此，我已经在我的电脑上储存了许多英语基础词汇（如，the，that，was，were，because，and），并减少其按键次数：如“t”代表the，“th”代表that，“W1”代表was，“W2”代表were，“bec”代表because，“a1”代表and）。这样的做法（我还简化了好几百个词）为我用6年多编辑800万字的书做了准备，我觉得这大约帮我省了两周的时间。因此，如果你的企业名称需要按20个键的话，你可以将其进行缩写。

管理老板

在一本介绍管理工作的书里讲管理老板，好像有点怪怪的，但你要记住，你不仅需要与那些向你汇报工作的人沟通，还要跟你去汇报工作的老板沟通。

- 了解你老板的目标、价值观、面临的挑战以及工作风格，然后适应其风格。例如，我的老板更喜欢用电话而不是用电子邮件交流，我注意到了这件事并作出相应的调整。他不喜欢在细节上纠结，而且还想要试探底线，因此虽然我在意细节，但是我一定会按照他的方式行事。

- 进行恰当的交流，通常提供更多而不是更少的信息。让老板得到他想要的信息。你如果发现一个愈发尖锐的问题，就要尽快通知老板，让其了解问题，并在事情恶化之前采取相应行动。

- 在你向老板提出问题的同时，也要提出解决方案。这样可以说明你对这件事进行过思考。

- 在会议上支持你的领导，对其忠诚。

- 与老板讨论优先事项，并跟他/她一起进行决策。就其想要你做的事情进行讨论，尤其是如果他/她交给你一项又一项任务的话。认可你的目标，然后在老板给你额外的任务时，跟其商讨这项工作是否能完成既定目标。如果必要的话，把作决定的责任交给他："其实，我现在在做（这个项目）。你想要我做什么？”必要的话，你要学会说“不”。

管理风格

在对卡尔的采访中，有人问他采取了哪些管理风格。他明智地回答说，他应对不同场合有不同的风格。针对其管理的人员以及他们正在做的工作的不同，卡尔有不同的管理风格，而不是采取“一刀切”的做法。因此他说，有时他在整个团队决策过程中是民主的风格。在变更管理的情况下，尤其是在他希望团队致力于改变时，会使用这种风格。在其他时候，特别是在应对非常紧急的事情时，他是有方向性的，必须告诉员工做什么。（“客户今天下午3点已经改主意了，而且还想要新的数据。”）。这不是他喜欢的风格，但他要对其团队成员负责，还想培训他们，就必须给予支持以及明确的指示，并且相信成员们能够在工作上发挥良好的判断力。

应对压力

这本书就要结束了，你可能有点不知所措：人员、团队、政策和流程、项目管理——良好沟通是至关重要的，自我管理亦是如此。你怎么可能不紧张呢？

承认你要面临的压力。事实上，有一点压力可能对你有好处，但如果压力失控的话，那就是问题了。你可能知道压力会从很多方面影响你的性格。尽管你不知道压力会在什么时候产生作用，但是你要为其做好计划：

● 准备好休息时间。不要把你的 24 小时都排满工作。例如，你如果连续忙了半个月，确保在第 3 周有一些自我懈怠的时间。

- 定期锻炼和休息。加入健身房，开始运动。在我最初几年的工作生涯中，我把自己弄得太辛苦了，后来不得不学会放松自己。现在我会让自己定期散步。简单来讲，体育锻炼可以有所帮助。我觉得在午餐时间偶尔在附近的公园走走特别有用。

- 理智地进行饮食。你知道规则的，那就行动起来！长期吃垃圾食品，过度饮酒、吸烟是不能保持健康的。

- 你要有工作之外的生活——是的，没错！多花时间陪陪你的伴侣、家人和朋友。加入一个俱乐部，选择一个爱好，度假时不要有顾虑……不要带上你的电子产品！选择其他活动，想想人之所以为人的原因。

如果这些要求太多的话，你可以：

- 拜访你的 GP（一般合伙人）。
- 提前关掉电视或电脑，多睡一会。
- 与你的老板商讨问题。你是否可以放下一些领域的工作呢？可否推迟一些活动呢？进一步分派你的工作！

- 专注于你可以做的事情——做一点事总比什么都不做要好。

- 学习身体放松的技巧——即使是简单的深呼吸，也可以起到非凡的作用。专注于正面积极思维。

会说“不”

鲍勃受邀参加委员会来探讨继任计划，他感到受宠若惊，但他并不了解这件事。他觉得自己已经非常紧张了，而且这个计划对自己进一步的要求可能太多了。鲍勃跟主席迈克共进了午餐，迈克告诉了鲍勃他要担负的相关责任，但鲍勃当场拒绝了。鲍勃认为自己可以等到6个月后再承担这些工作，而他那时会有一名可以帮他分担一些工作的助理。

果然，6个月后，迈克再次询问了鲍勃，

而且还带来了一些新的条件，因为鲍勃有了助理，他于是接受了邀请。

总 结

祝愿你能胜任管理者的角色。你会取得成功，也会遇到一些挫折（请记住，“从不犯错的人将一事无成”）。最主要的是，你将了解如何激发出其他人的最佳状态——如何让他们充满干劲，如何激励他们以及如何激发出自己的最佳状态。

你很快会通过这本薄薄的书来掌握一切，并做好进一步推进事业的准备。请记住追求质量：这一切都是关于未来非常美好的梦想，但是请你先做好手头的工作。

下一步：

● 你有什么优势和劣势呢？你能做什么改进呢？

● 你所在的企业的下一步计划是什么？你想先和你的教练或导师聊聊吗？

● 你会选择特定领域（如新的软件，时间管理）和更广泛的领域，如领导力课程这样的培训吗?

● 怎么样才能让工作变得更有序?

● 想想可以更好地利用时间的三种方式。请现在就将其列入日记中的下周计划。

● 改变生活方式和工作模式可以帮助你应对工作的压力。

小测试

1. 做到像管理者一样有序是：
a) 有益的 ☐
b) 不重要的 ☐
c) 必不可少的事情 ☐
d) 我太闲散了，回答不了该问题 ☐

2. 你作为管理者，写日记或利用某种形式来记录工作和约会是：
a) 至关重要的 ☐
b) 有益的 ☐
c) 不重要的 ☐
d) 我没有时间来回答该问题 ☐

3. 相比紧急的工作，总是先完成重要的工作：
a) 是正确的 ☐
b) 我不知道 ☐
c) 我不在乎 ☐
d) 不是如此 ☐

4. 在解决重要任务之前，先完成所有小任务：
a) 是错误的 ☐
b) 是正确的 ☐
c) 我不知道 ☐
d) 我不在乎 ☐

5. 远期规划是：
a) 奢侈的事情 ☐
b) 我没有时间来回答该问题 ☐
c) 浪费时间的 ☐
d) 必不可少的 ☐

6. 花时间就如何以及在何处存储文件进行思考是：
a) 我没有时间来回答该问题 ☐
b) 必不可少的 ☐
c) 有益的 ☐
d) 浪费时间的 ☐

7. 在我向老板提出问题时：
a) 我为其拿出了解决方案 ☐
b) 我不相信他们能够解决这个问题 ☐
c) 我也同时提出一个解决方案 ☐
d) 我从来没有见过老板 ☐

8. 我知道周几以及一天中哪个时间我工作状态最好后：
a) 我把那段时间过得跟任何其他时间段一样 ☐
b) 为了能高质量工作，我会尽我所能来维护并且留好这段时间 ☐
c) 我用那段时间来完成一些琐碎的工作 ☐
d) 我在那段时间回家 ☐

9. 在有人让我承担另一项任务时：
a) 我从来不说“不” ☐
b) 我总是说“不” ☐
c) 我总是说“好的” ☐
d) 我有时会说“不”，如果是我的工作的话我会进行询问 ☐

10. 在我努力避免压力时：
a) 我从来没有感到过压力 ☐
b) 我一直压力很大 ☐
c) 我调整好我的生活方式来应对压力 ☐
d) 我不在乎 ☐

逆境生存法则

那些重视员工的企业创造了一种文化，这种文化让员工不仅要生存，而且还要适应经济艰难时期。作为管理者，能将其变为现实至关重要。你既要支持你管理的团队，还应该向企业高层传达信息。

1. 珍惜团队

作为集体的一分子，请珍惜同事。你不能只考虑到同事的工作，还要考虑到其在团队中的作用——回头看看贝尔宾的九个团队角色（见本书星期二的内容）。请真诚地倾听并激励员工。

2. 鼓励良好的团队合作

你是团队的领导者，激发出员工的最佳状态是你的责任。向团队传达一个强有力且鼓舞人心的愿景（见星期二的内容）。团队要向哪个方向发展?

团队的核心目标是什么？在不稳定的经济时期，士气可能很低落，因此你可以随时将其注意力转移到成功上去，并且在面对团队成员时以身作则。尽管你可能会更青睐一些人，但你还是要公平和平等地对待所有同事。

3. 明确自己的目标

你团队的愿景需要用实际方法表达出来。真正了解目标，并且清楚地表达目标。所有的目标应该满足SMART原则——具体性、可衡量性、现实性、相关性、时限性（见星期一的内容）——但这是更加真实的困难时期。不确定的经济环境对各家企业都是模糊无情的。让你的团队发挥作用。

4. 有效的管理制度

退一步客观考虑你的管理制度，例如设置和管理预算（见星期三的内容）。现在可能不是安装新IT系统的时候，但你也许可以找到一些更有效的工作方式。你可以简化什么程序，让你的团队更高效地开展工作？这样做可以帮你腾出更多时间来解决问题并且作出决策，这应该是你优先考虑的工作。

5. 作出明智的决定

集中精力创造性地解决问题，知道错误会消耗资金。随时了解企业和行业中正在发生的事情。

如果你老板的目标和挑战正在发生变化，这显然会影响到你和你的团队。考量你的管理风格（见星期六的内容）以及是否需要这个风格，如果你的团队成员都在面临困难，那么你就需要更改管理风格。

6. 改善沟通

在事情变得艰难、员工压力增加时，你需要进一步确认你已经将信息顺利传达。保持沟通渠道畅通以避免误解。你如果能与团队定期进行一对一会谈的话，那就更好了。

专注于媒介并坚持未雨绸缪，在短期内提高倾听技巧（星期四的内容），并保持电子邮箱正常运转。保持开放的心态，保持诚实且做事一以贯之。这样别人也会如此待你。

7. 分派

作为管理者，你需要重视大问题。拼命工作不会解决任何问题，而且还可能会适得其反。这涉及星期二的内容——分派。分派给“几乎准备就绪”的人，整个任务只要有可能性，就可以开始全面的规划。监督分派的任务，并让同事自己解决问题，但不要对问题置之不理。记得在任务完成后，你要向同事（们）表达你的赞赏。

8. 更好地规划会议

如果你发现自己在会议上产生这样的思考：这样做（或这样怀疑别人）有什么意义呢？那么是时候作出一些改变了。努力准备，然后依计划行事，会得到很好的回报。回顾会议纪要（星期四内容），并确保你完全靠自己来摸索。请考虑减少会议的可能性。

9. 提高你的项目管理水平

管理项目时，你要进行超前思考。不要以为每个人对自己的责任都很清楚——请确保万无一失。

如果必要的话，制订工作范围（见星期五的内容），特别是对外部供应商。找到你的目标、产品，核查成本和进度。作为经理，你的监控制度是发现潜在问题的关键；那么你接下来的目标应该是坚定且快速地处理这些问题。首先，要从经验中学习。

10. 采取措施来进行自我管理

如果你还没有这样做的话，你要计算出你让企业支付的每小时费率（见星期五的内容）。你可能不会创建一个经济体来扰乱你雇主的战略，但你可以——也应该——更有效率地利用时间，从而帮企业省钱。管理自己。未雨绸缪。周到地写电子邮件。把那些哪怕是很小的事情，第一次就做对，你要知道以后再进行检查是非常低效率且高成本的。你要记得乐观面对未完成的工作。

小测试答案

星期日：

1.c；2.d；3.b；4.b；5.a；6.c；7.d；8.a；9.c；10.d

星期一：

1.d；2.c；3.b；4.b；5.a；6.c；7.b；8.b；9.b；10.d

星期二：

1.c；2.b；3.a；4.d；5.b；6.b；7.c；8.a；9.d；10.c

星期三：

1.c；2.d；3.c；4.b；5.a；6.d；7.c；8.b；9.a；10.b

星期四：

1.b；2.b；3.c；4.c；5.d；6.c；7.b；8.a；9.d；10.b

星期五：

1.d；2.b；3.c；4.c；5.b；6.a；7.d；8.a；9.a；10.c

星期六：

1.c；2.a；3.d；4.a；5.d，6.b；7.c；8.b；9.d；10.c

图书在版编目（CIP）数据

管理入门课 /（英）马丁·曼瑟著；郭嘉豪译. —
杭州：浙江大学出版社，2016.10
（卓越领导力丛书）
书名原文：In a week-Introducing Management
ISBN 978-7-308-16140-4

Ⅰ. ①管… Ⅱ. ①马… ②郭… Ⅲ. ①管理学
Ⅳ. ①C93

中国版本图书馆CIP数据核字(2016)第194512号

浙江省版权局著作权合同登记图字：11-2016-293

管理入门课
[英] 马丁·曼瑟 著 郭嘉豪 译

责任编辑 杨 茜
特约编辑 王怡翾 赵 轩
责任校对 卢 川
出版发行 浙江大学出版社
（杭州市天目山路148号 邮政编码 310007）
（网址：http://www.zjupress.com）
排 版 杭州林智广告有限公司
印 刷 杭州钱江彩色印务有限公司
开 本 787mm×1092mm 1/32
印 张 6
字 数 79千
版 印 次 2016年10月第1版 2016年10月第1次印刷
书 号 ISBN 978-7-308-16140-4
定 价 28.00元

浙江大学出版社发行中心联系方式：0571-88925591；http://zjdxcbs.tmall.com